Le secret
est dans le plaisir

*Faites-vous plaisir
et débordez d'énergie*

Données de catalogage avant publication (Canada)

Wolfe, Marguerite, 1950-

    Le secret est dans le plaisir: faites-vous plaisir et débordez d'énergie

    (Collection Motivation et épanouissement personnel)

    Comprend des références bibliographiques

    ISBN 2-89225-431-0

    1. Plaisir. 2. Qualité de la vie. 3. Réalisation de soi. I. Titre. II. Collection.

BF515.W64 2000   152.4'2   C00-940580-1

©, Les éditions Un monde différent ltée, 2000
Pour l'édition en langue française

Dépôts légaux: 2e trimestre 2000
Bibliothèque nationale du Québec
Bibliothèque nationale du Canada
Bibliothèque nationale de France

Conception graphique de la couverture:
MARYO THOMAS

Montage de la couverture:
OLIVIER LASSER

Photocomposition et mise en pages:
COMPOSITION MONIKA, QUÉBEC

ISBN 2-89225-431-0

Nous reconnaissons l'aide financière du gouvernement du Canada par l'entremise du Programme d'Aide au Développement de l'Industrie de l'Édition pour nos activités d'édition (PADIÉ) ainsi que le gouvernement du Québec grâce au ministère de la Culture et des Communications (SODEC).

Imprimé au Canada

Marguerite Wolfe M.A.

Le secret est dans le plaisir

Faites-vous plaisir et débordez d'énergie

Les éditions Un monde différent ltée
3925, Grande-Allée
Saint-Hubert (Québec), Canada
J4T 2V8
Tél.: (450) 656-2660
Site Internet: *http://www.umd.ca*
Courriel: *info@umd.ca*

Table des matières

Avant-propos: Le secret est dans le plaisir   11

PREMIÈRE PARTIE:
POURQUOI LE PLAISIR INFLUENCE-T-IL NOTRE ÉNERGIE?

Chapitre I: Mon énergie, mon trésor   15

Un système d'économie d'énergie – Avec plus d'énergie, les problèmes nous semblent moins grands – Votre énergie: votre matière première la plus précieuse – Pour être «employable», il faut de l'énergie – Représentants des ventes et travailleurs autonomes: vos revenus sont à l'image de votre énergie – Parent épuisé: parent démissionnaire ou autoritaire – Votre énergie est votre coffre aux trésors

Chapitre II: Le plaisir, c'est l'énergie   21

Comme un compte en banque – Des milliers de choses vous pompent l'énergie – Nos centres de plaisir et de déplaisir dans le cerveau – Un plaisir inattendu – Le plaisir apprivoise votre énergie cachée – Nos émotions sont très physiques – La peur a une odeur – Ces déplaisirs qui vous empoisonnent l'existence – Ces toxines qui vous cernent les yeux – Le plaisir en remplacement du jogging? – Plus de dépôts moins de retraits = beaucoup d'énergie – Quel est votre degré d'énergie? – Exercice de repérage – Mon bilan d'énergie – Les six aspects de votre vie: L'aspect professionnel – L'aspect financier – L'aspect affectif – L'aspect social (loisirs) – L'aspect physique – L'aspect spirituel – Les plaisirs et déplaisirs dans chacun des six aspects de ma vie

Chapitre III: Entre volonté et désir, mon cœur balance . . .   37

Qu'est-ce qui domine dans votre vie, les obligations ou le plaisir? – Nos deux formes d'énergie: l'énergie du désir et l'énergie de la volonté – Notre énergie du désir est notre carburant – Notre énergie de volonté est notre fouet intérieur – Les dangers de trop se fouetter – Des migraines paralysantes – Êtes-vous drogué à l'effort? – Se désintoxiquer de l'effort – Changez vos pensées, changez votre vie – Jouez à vous fabriquer des croyances «le fun» – Le secret de la réussite: l'alternance du désir et de la volonté

DEUXIÈME PARTIE:
COMMENT DIMINUER VOS DÉPLAISIRS

Cinq étapes pour diminuer vos déplaisirs: 1- Fuyez les déplaisirs, si vous acceptez les conséquences de votre fuite, bien sûr 2- Apprenez à dire non 3- Agissez pour changer la situation 4- Acceptez ce que vous ne pouvez pas changer 5- Trouvez du bon à une situation de déplaisir

Chapitre IV: Fuyez les déplaisirs, si vous acceptez les conséquences de votre fuite, bien sûr... .. 51

Vous priver de fuir peut vous coûter cher – Vous dites que vous ne POUVEZ pas fuir? – Une invitation peu appréciée – Une remarque difficile à faire – Envisager la possibilité de fuir peut vous rendre encore plus responsable – Envisager la fuite éventuelle court-circuite le sentiment d'être victime – Ces gens que vous aimeriez fuir mais qui vous collent après – Le bonheur est dans le choix – Fuir ou ne pas fuir

Chapitre V: Apprenez à dire non 61

Ces gens qui vous utilisent – Les personnes qui ont du mal à dire non ne sentent pas leurs baisses d'énergie – Apprendre à dire non peut épargner de mauvaises surprises à bien des gens – Dire non quand on a encore de l'énergie change bien des choses – Peur de dire non, peur d'être rationné en énergie – Les femmes ont plus de difficulté à dire non que les hommes – Quoi que vous fassiez, il y a de fortes chances que 50 % des gens ne soient pas d'accord – Suggestions pour vous apprendre à dire NON...

Chapitre VI: Agissez pour changer la situation 73

La créativité, pour rendre un déplaisir plus supportable – S'éloigner pour mieux trouver – Étapes de la recherche de solutions créatives – Une vidéo, deux bouteilles de vin, un gâteau au chocolat – Tolérer l'inconfort de l'ambiguïté – Dix façons créatives de réagir à un déplaisir – Comment notre leader peut-il faire de son entretien un moment moins désagréable? – Se rendre la tâche moins pénible – Que diriez-vous de transformer la corvée du ménage en plaisir? – Devenir plus heureux au travail – Apprendre à aimer un travail peu emballant

Chapitre VII: Acceptez ce que vous ne pouvez pas changer 85

Débranchez vos émotions – Cessez de «pousser» sur la situation – Évitez l'épuisement du leader – Bouder ne fait pas partie de la stratégie! – Voyez la situation sous un angle différent – Lettre d'une jeune fille à ses parents – Le métro, vendredi à 17 heures – Le pouvoir fascinant de la décision – DÉCIDEZ que vous serez heureux – Représentants des ventes, décidez d'ADORER faire vos appels téléphoniques – Travailleurs autonomes, décidez d'ADORER vendre vos services – Pourquoi ne pas décider d'ADORER l'ordinateur?

Chapitre VIII: Trouvez du bon à une situation de déplaisir 97

Les périodes difficiles nous marquent physiquement – Une obsession est une ornière neurologique – Les périodes difficiles sont souvent accompagnées de périodes de deuil – Faire le deuil de certains plaisirs – Les périodes de deuil provoquent des «pannes d'énergie» – Cinq étapes importantes du deuil: 1. Le refus 2. La révolte 3. L'abattement 4. L'acceptation 5. La guérison – Apprendre de la situation et non se blâmer

TROISIÈME PARTIE:
COMMENT VOUS DÉFENDRE CONTRE LES PERSONNES QUI VOUS VOLENT VOTRE ÉNERGIE

Chapitre IX: À vos boucliers, les vampires sont parmi nous   109

Les personnes au pouvoir négatif vous siphonnent votre énergie – Les trois types de vampires d'énergie: les vampires *victimes* – les vampires *bulldogs* – les vampires *manipulateurs* – Comment les vampires *victimes* vous volent-ils votre énergie – Six moyens pour limiter vos pertes d'énergie avec les *victimes* – Comment les vampires *bulldogs* vous volent-ils votre énergie – Six moyens pour limiter vos pertes d'énergie avec les *bulldogs* – Comment les manipulateurs vous volent-ils votre énergie – Six indices pour déceler si vous êtes en présence d'un *manipulateur* – Cinq moyens pour limiter vos pertes d'énergie avec un *manipulateur*

QUATRIÈME PARTIE:
COMMENT AUGMENTER VOS PLAISIRS

Méthode en quatre étapes pour augmenter vos plaisirs: 1-Observez ce qui vous fait plaisir 2. Décidez de vous accorder plus de plaisirs 3. Planifiez vos plaisirs 4. Devenez un «plaisir ambulant»

Chapitre X: Observez ce qui vous fait plaisir   125

Pour être plus heureux, agissez de façon contraire à la plupart des gens – Trouvez-vous des modèles de plaisir – Essayez de nouvelles activités – Suivez des «cours de plaisir» – Cherchez-vous une passion – Disséquez les plaisirs – Observez les plaisirs reliés à votre travail – Accordez-vous votre petit plaisir quotidien

Chapitre XI: Décidez de vous accorder plus de plaisirs   137

Le plaisir et le sentiment de culpabilité – Vous êtes la sentinelle de votre bonheur – Apprenez à exprimer vos besoins et vos déceptions – Quels plaisirs déciderez-vous de vous accorder dorénavant dans votre vie?

Chapitre XII: Planifiez vos plaisirs   143

Planifiez vos plaisirs – Planifiez votre temps et tenez votre agenda à jour – Prenez des rendez-vous avec vous-même – Planifiez votre vie personnelle autant que votre vie professionnelle – Planifiez vos plaisirs – Écrivez au crayon de plomb dans votre agenda – «Droguée» aux cactus

Chapitre XIII: Devenez un «plaisir ambulant»   147

Décidez de devenir un «plaisir ambulant» – Assurez-vous que vous n'êtes pas un déplaisir pour les autres ni un vampire d'énergie – Autodétecteur de comportements vampirisants – Devenez un plaisir pour vous-même – Faites-vous des plans d'action-plaisir – Cessez de vous critiquer – Ayez une apparence-plaisir – Soyez fier de vous-même – Ayez des matins-plaisir – Faites de votre environnement physique le complice de votre plaisir – Apprenez à avoir des plaisirs individuels – Devenez un plaisir pour les autres – Entretenez à l'égard des autres des pensées-plaisir – Cherchez délibérément des qualités aux gens – Aidez les gens à devenir un plaisir pour eux-mêmes – Faites des compliments sincères – Soyez celui qui voit l'aspect positif et le plaisir en toutes circonstances – Faites plaisir aux gens en leur disant «merci» – Faites-leur le plaisir de les écouter – Pratiquez les plaisirs démodés de la gentillesse – Aimez les gens et soyez indulgent à leur égard – Devenez un virtuose des noms – Faites des accueils-plaisir – Pratiquez le regard-plaisir – L'indispensable sourire-plaisir

Chapitre XIV: Le plaisir en entreprise,
une facture de moins à payer 167

Imaginez l'impact – Stoppez la chaîne de l'agressivité – Boycottez les leaders négatifs – Ce ne sont pas vos patrons qui vous paient votre salaire, ce sont les clients de votre firme – Le plaisir a un impact sur votre sécurité d'emploi – Les clients insatisfaits menacent votre emploi – Cette exaspération face aux changements – Cette guerre à finir entre les différents services – Beaucoup de conflits sont causés par de BONNES INTENTIONS – Êtes-vous un collègue, un patron, un employé ou un associé de rêve? – N'attendez pas que l'aspect positif vienne des autres – Devenez un collaborateur-plaisir – Devenez un patron-plaisir

Conclusion 181

Les mercis-plaisir. 185

Au sujet de Marguerite Wolfe, M.A.. 187

Participez à l'une de ces recherches. 189

Bibliographie. 191

Le secret est dans le plaisir

Vous arrive-t-il parfois de rentrer du travail complètement vidé avec une seule idée en tête : vous allonger sur le canapé, télécommande à la main, et zapper d'une chaîne de télévision à l'autre ? Vous vous fichez alors royalement que les émissions soient intéressantes ou non. Vous êtes à ce point sans énergie que vous vous retenez même d'aller au lit dès 20 heures.

En fait, vous avez davantage l'impression d'être dans un état végétatif, voire «légume», que d'être un digne représentant de l'espèce humaine. Vous ne voulez ni penser, ni parler, à peine avez-vous la force d'être là. Pour tout dire, votre plus grand désir serait de NE RIEN FAIRE. Mais vous ne pouvez pas ! Il y a le conjoint à réconforter, les enfants à rassurer, le repas à préparer, les tâches ménagères à exécuter, les devoirs et les leçons à réviser, les cours à suivre ou la matière à étudier, etc. Non, vous ne pouvez vraiment pas vous permettre de rester inactif.

Par contre, certains jours – trop épisodiques –, tout est différent. Vous revenez du travail encore tout «énergisé», vous avez le goût d'entreprendre autre chose, de faire une activité à la maison ou de sortir en famille. Si alors cette tendance à devenir «légume» ne se manifeste qu'à la fin de la journée, c'est un demi-mal. Mais pour plusieurs personnes, cet état végétatif se déclare dès le réveil. Comme des somnambules, ils se rendent au boulot, incapables de dire bonjour de façon intelligible ou d'esquisser un sourire avant le troisième café. Certains même ne «s'allument» pas de la journée. Seuls les week-ends ou les vacances les ramènent à la vie. Problème, problème !

Pourtant, d'autres rares privilégiés se sentent généralement débordants d'énergie tous les jours de la semaine. Ils adorent leur travail et en retirent beaucoup de satisfaction. Leurs activités enrichissantes ne se limitent pas au travail: ils font du sport, ont une vie sociale remplie de gens intéressants, font des sorties agréables, leur maison et leur terrain vous rendent vert de jalousie. Ils essoufflent tout leur entourage avec tout ce qu'ils entreprennent... et réussissent.

C'est bien ça le pire! Ils sont inépuisables et font remonter en vous vos vieux complexes d'infériorité. Pour vous consoler, vous vous dites que ce sont des drogués du travail et que le burn-out les guette sûrement. Mais en êtes-vous si sûr? Non, ils ne sont pas au bord du surmenage professionnel, eh oui, ils ont une vie équilibrée. Vous aimeriez sans doute connaître leur secret. C'est ce que nous approfondirons dans ce livre.

Que vous soyez président d'entreprise, commis de bureau, entrepreneur, représentant des ventes ou travailleur autonome, les méthodes proposées dans *Le secret est dans le plaisir* sont accessibles à tous et les moyens que je suggère sont simples, concrets et faciles à mettre en application. Je vous invite à découvrir ce qui a transformé ma vie et celle de milliers de personnes. Conférencière professionnelle depuis plus de dix ans, je me spécialise en «motivation par le plaisir». Ainsi, j'ai communiqué ces stratégies à des groupes extrêmement variés au sein de différentes entreprises et organisations, tant au Canada qu'à l'étranger.

Lors de mes séminaires, plusieurs participants m'affirment que la mise en pratique de ces méthodes a transformé autant leur vie professionnelle que leur vie personnelle. Le plaisir sous toutes ses formes, intégré aux divers domaines de votre vie, augmente votre efficacité, votre productivité et votre bonheur de vivre. Alors, si vous êtes mûr pour du changement, c'est le résultat auquel vous pouvez vous attendre.

Première partie

Pourquoi le plaisir influence-t-il notre énergie?

Chapitre I

Mon énergie, mon trésor

A u début de ma trentaine, je dirigeais une association professionnelle dans le domaine de l'éducation. J'adorais ce poste. Après quelques années dans l'enseignement, je savourais ce nouveau défi de direction et d'organisation. J'appréciais ce travail aux activités professionnelles variées et où j'avais les coudées franches. Je montais des projets, j'utilisais ma créativité au maximum et j'étais en contact avec des tas de gens intéressants. Je me sentais appréciée et j'obtenais de bons résultats. C'était une période plutôt heureuse de ma vie, car je vivais de plus une relation de couple satisfaisante et j'étais en bonne santé.

Cependant, il m'arrivait parfois de revenir du travail complètement crevée, au bord de l'écroulement, sans aucun goût pour quoi que ce soit, sauf de m'affaisser devant la télé. À certaines occasions, j'avais encore de l'énergie pour entreprendre autre chose et profiter de ma soirée. Au début, j'attribuai ces fluctuations d'énergie à la qualité de mes nuits et je me suis mise à m'observer davantage.

Après une semaine d'observation, je conclus qu'il n'y avait pas toujours corrélation entre mon sommeil et ma fatigue. Alors, si mon sommeil n'était pas l'unique facteur qui influençait mes pertes d'énergie, qu'est-ce que cela pouvait bien être? J'étais très intriguée. Je me suis ensuite demandé si mon alimentation n'était pas la cause de ces variations d'énergie. Était-elle trop riche en sucres, en gras, en féculents, ou le petit verre de vin du midi pouvait-il me causer ces problèmes? Ce n'était pas cela non plus car mon alimentation était plutôt saine.

J'ai ensuite commencé à tenir un registre de mon énergie en imaginant celle-ci comme un compte en banque. Et c'est en analysant les «retraits» et les «dépôts» dans ce compte en banque d'énergie que j'ai trouvé ma réponse. En effet, j'ai constaté que mes plaisirs et mes déplaisirs de la journée étaient étroitement liés à mon niveau d'énergie. Les plaisirs l'augmentaient et les déplaisirs la diminuaient.

Un système d'économie d'énergie

Cette découverte m'a amenée à développer un système très simple «d'économie d'énergie», je limite autant que possible les «retraits», c'est-à-dire mes déplaisirs, et je fais tout pour augmenter les «dépôts», en l'occurrence mes plaisirs. Depuis que j'applique cette méthode, mon niveau d'énergie a énormément augmenté. J'ai ainsi pu réaliser une très grande quantité de projets qu'il m'aurait été impossible d'accomplir sans cette énergie additionnelle.

Par ailleurs, c'est grâce à ce supplément d'énergie que j'ai pu devenir conférencière professionnelle, écrire des livres, faire de la télévision et de la radio, me constituer une équipe, et mettre sur pied un système de marketing efficace. Sans mon système «d'économie d'énergie», jamais je n'aurais pu faire tout cela.

En fait, l'énergie bien canalisée peut nous rendre magnétiques et accroître notre rayonnement. Quand nous sommes capables de porter une attention véritable aux gens, de les écouter et de leur redonner de l'énergie, cela rend nos contacts avec eux plus agréables et plus fructueux.

Avec plus d'énergie, les problèmes nous semblent moins grands

Les jours où vous vous levez en pleine forme ne se comparent pas à ceux longs et pénibles où vous êtes déjà fatigué, sitôt sorti du lit. C'est pourquoi les journées où vous débordez d'énergie, vous êtes plus créatif et plus productif, et les problèmes vous semblent moins difficiles à surmonter. Vos tâches ne vous apparaissent pas comme des corvées et vous résolvez les problèmes beaucoup plus facilement. Par surcroît, vous êtes beaucoup plus affable, ce qui contribue encore davantage à rendre vos rapports avec les autres plus profitables.

Lors d'un récent séminaire, je demandais aux participants ce que ça changeait dans leur journée d'avoir plus d'énergie. Un participant a répondu: «Quand on a de l'énergie, on est plus aimés», et un autre de lui répliquer: «Oui, mais on est plus AIMABLES»... La salle entière s'est écroulée de rire devant cette écrasante vérité. En effet, quand nous avons plus d'énergie nous communiquons mieux et davantage, nous sommes plus patients et plus tolérants.

Mais les jours où nous sommes fatigués, nous dramatisons tout, nous faisons plus d'erreurs et nous tolérons moins celles des autres. Ces jours de fatigue nous rendent même un peu paranoïaques et nous prêtons alors plus facilement de mauvaises intentions aux autres. Dans ces moments-là, rien ne va; on se fait une montagne de chaque petite embûche.

Votre énergie : votre matière première la plus précieuse

Si vous croyez que vos connaissances et votre expérience sont vos principales monnaies d'échange, détrompez-vous, votre énergie l'est davantage. Bien entendu, vous n'écrirez pas sur votre feuille de route: «J'ai 9/10 en énergie». Vous énumérerez plutôt vos diplômes et vos expériences de travail. Cependant, même avec trois doctorats et vingt ans d'expérience, vous aurez du mal à passer une entrevue et à décrocher un emploi si vous ne disposez pas de l'énergie nécessaire pour vous faire valoir aux yeux de l'employeur.

C'est la même chose pour un employé d'entreprise ou pour un consultant. Ni un ni l'autre ne conservera son emploi ou son contrat s'il ne possède pas l'énergie suffisante pour structurer ses idées, prendre les bonnes décisions, faire les recommandations qui s'imposent et les communiquer efficacement à ses collaborateurs. Notre véritable monnaie d'échange est d'abord et avant tout notre énergie, car c'est elle qui véhicule nos connaissances, notre expérience et nous rend «employable».

Pour être «employable», il faut de l'énergie

Au cours des dernières années, les entreprises ont effectué beaucoup de compressions budgétaires et de remaniements du personnel. Les nombreuses fusions ont entraîné des réorganisations qui ont fait tomber des têtes. Dans un tel contexte, une personne en manque d'énergie est grandement désavantagée. Si elle a tout juste assez d'énergie pour finir sa journée, elle pourra difficilement faire face à la musique.

Comme on le constate d'ailleurs, s'adapter à tous ces changements demande une énergie incroyable. Dans ces circonstances, une personne doit non seulement contrôler son anxiété et continuer de bien faire son travail, mais elle doit aussi acquérir de nouvelles compétences qui la rendront plus «employable» dans la nouvelle organisation, en plus d'avoir à se faire valoir. Elle doit également préparer son plan d'attaque au cas où elle ne serait pas invitée à faire partie de la nouvelle restructuration.

D'autre part, si elle est choisie, elle devra faire le deuil de sa position antérieure, se familiariser avec un nouveau patron, de nouveaux collègues, et s'habituer à une nouvelle tâche. Tout cela est très exigeant du point de vue de l'énergie, mais la situation des sans-emploi n'est pas moins laborieuse. Chercher un emploi demande une somme d'énergie incroyable. En plus de rester à l'affût de toutes les opportunités, d'envoyer des profils de carrière, d'entretenir ses réseaux de relations d'affaires, de contacts, de faire le suivi auprès des entreprises sollicitées et de passer des entrevues, il faut aussi garder le moral à flot tout en composant avec une situation financière modifiée. Dans toutes ces conditions, l'énergie est le facteur déterminant de la réussite et de la survie d'une personne.

Représentants des ventes et travailleurs autonomes : vos revenus sont à l'image de votre énergie

Les représentant des ventes et les travailleurs autonomes savent combien l'énergie est déterminante pour le succès de leurs affaires. Si vous gagnez votre vie de cette façon, vous savez que les jours où vous n'êtes pas en forme, vous n'entrez pas en contact avec beaucoup de clients. Vous avez l'énergie pour effectuer les mandats déjà vendus, mais pas pour en solliciter de nouveaux.

Solliciter des clients est très exigeant car il faut fournir de multiples efforts avant de récolter la récompense souhaitée, c'est-à-dire une vente. Vendre est en soi une tâche difficile. Il faut éla-borer ses stratégies de marketing, faire des appels de prospection, envoyer des documents, essuyer de nombreux refus et garder un esprit positif malgré des revenus fluctuants et difficilement prévi-sibles. Il faut aussi du temps pour maîtriser l'art de la vente et cela requiert beaucoup de dynamisme et de vigueur. C'est pourquoi les revenus des représentants des ventes et des travailleurs auto-nomes sont à l'image de l'énergie dont ils disposent.

Parent épuisé : parent démissionnaire ou autoritaire

L'énergie n'est pas seulement essentielle au travail, elle l'est également à la maison. Un parent épuisé cédera beaucoup plus fa-cilement aux demandes inacceptables mais répétées de ses en-fants. Par contre, si vous possédez l'énergie nécessaire pour discuter et expliquer votre point de vue, ça ira beaucoup mieux car la constance dans l'application des règles établies est à la base d'une bonne éducation. Un parent épuisé aura de la difficulté à maintenir cette constance, car les enfants semblent dotés de cap-teurs d'énergie pour savoir exactement à quel moment vous êtes sur le point de flancher.

Et, bien entendu, c'est le moment qu'ils privilégient pour faire des demandes normalement défendues. À bout de nerfs, vous capitulerez ou vous deviendrez autoritaire. En adoptant cette attitude plus tranchante, vous aurez peut-être l'impression d'avoir gagné, mais ce sera momentané, car si vous poursuivez trop sou-vent dans cette voie, votre enfant finira par vous fuir et vous ca-cher des choses. Ainsi, peu importe le secteur de votre vie, la quantité et la qualité de votre énergie sont déterminantes dans votre réussite. Elles le seront aussi dans votre relation de couple et vos relations avec vos amis.

Votre énergie est votre coffre aux trésors

Votre énergie est ce que vous avez de plus précieux et toutes les richesses de la terre ne la remplaceront jamais. Pensez seule-ment aux gens extrêmement riches mais qui sont malades et qui ne peuvent plus profiter de la vie. Même avec peu de revenus ou peu de biens, nous sommes malgré tout encore très riches quand nous débordons d'énergie. Cependant, nous sommes peu conscients de notre richesse et nous ne l'apprécions guère. Nous gaspillons notre énergie jusqu'à ce que l'épuisement ou la maladie apparaissent.

Si des terres doivent être arrosées par un système d'irrigation et que le courant électrique vienne à manquer, certaines parties de la plantation manqueront d'eau et des arbres mourront. C'est la même chose pour notre corps. Si notre énergie est insuffisante pour irriguer toutes les parties de notre corps avec un apport de sang riche en minéraux et en oxygène, il y aura dysfonctionnement et dérèglement des mécanismes et la maladie surgira. Porter attention à son énergie AVANT que la douleur ou la maladie ne surviennent, c'est faire de la prévention pour sa santé.

Dans la même optique, il faut prendre soin de votre énergie et choisir avec qui vous voulez la partager. À mon avis, l'énergie est comparable à un trésor. Si vous aviez un coffre aux trésors rempli de pièces d'or, de diamants et de pierres précieuses, vous ne le laisseriez pas grand ouvert sur votre bureau pour que tout le monde puise dedans. Vous le mettriez à l'abri afin de le conserver et vous voudriez choisir judicieusement les personnes avec lesquelles partager ce trésor. Je vous suggère donc de faire la même chose avec votre énergie, de la protéger dorénavant afin d'éviter les «détournements d'énergie». C'est ce que nous verrons aux chapitres suivants.

Chapitre II

Le plaisir, c'est l'énergie

« Énergie» est le mot clé. Dans tous les domaines, on constate que les gens qui réussissent et qui portent l'étiquette de «gagnants» ont plus d'énergie que les autres. Athlètes, artistes, gens d'affaires, personnalités politiques, bref, tous les gens qui réussissent sont investis d'une énergie particulière. Étant plus vigoureuses que la moyenne, ces personnes peuvent abattre plus de travail, mieux se concentrer, attirer plus de gens à elles, affronter l'adversité sans s'écraser, prendre de meilleures décisions, etc. Cette énergie leur permet également d'avoir un meilleur contrôle sur elles-mêmes.

Quand vous lisez une biographie ou écoutez une entrevue à propos de ces gens exceptionnels, ils donnent rarement l'impression de travailler durement, mais bien plutôt de s'amuser. Il nous semble même parfois injuste qu'ils soient payés pour cela. Quand on aime son travail, on peut y consacrer des heures et des heures sans se fatiguer car notre énergie se régénère au fur et à mesure. C'est la même chose quand vous vous livrez à votre loisir préféré, vous ne voyez pas le temps passer.

Comme un compte en banque

N'avez-vous pas l'impression certains jours que votre énergie est comme un compte en banque dont tout le monde détient votre carte de guichet automatique et connaît votre code secret? Beaucoup de gens effectuent des «retraits» mais peu font des «dépôts»! Voilà ce qui arrive quand nous vivons des déplaisirs de taille, surtout après s'être dépensés en énergie. Laissez-moi vous donner un exemple pour mieux illustrer mon propos.

C'est samedi. Vous vous apprêtez à passer l'après-midi seul à la maison. L'un de vos proches vous a demandé il y a quelque temps d'exécuter pour lui une tâche domestique qui ne vous plaît pas du tout. Vous avez accepté pour lui rendre service, mais vous reportez ce travail depuis des semaines. Aujourd'hui, cependant, vous disposez d'un peu de temps et vous décidez donc de vous acquitter de cette tâche. La fin de l'après-midi arrive, mission accomplie! Vous êtes plutôt fier de vous et soulagé d'avoir tenu votre promesse.

Vous vous organisez donc pour que la personne qui a sollicité votre aide ait la surprise dès son arrivée à la maison. Vous anticipez avec plaisir la satisfaction qu'elle manifestera quand elle verra ce que vous avez fait pour elle. Enfin, elle rentre quelques heures plus tard. Non seulement ne s'aperçoit-elle pas du travail exécuté, mais vous devez même attirer son attention pour qu'elle le remarque. Celle-ci considère d'abord votre travail d'un air indifférent puis, en y regardant de plus près, elle ne trouve que des critiques à formuler. En moins de temps qu'il ne faut pour le dire, envolées votre belle énergie et votre satisfaction. Après avoir passé tant de temps à lui rendre ce service, vous vous seriez attendu à un peu de reconnaissance. Au lieu de cela, vous voilà vidé d'énergie, votre compte est dans le rouge.

Des milliers de choses vous pompent l'énergie

Vous avez certainement déjà vécu une expérience semblable, car des scènes du genre se produisent régulièrement dans presque tous les foyers. De telles situations vous pompent littéralement l'énergie car elles font naître des émotions désagréables.

En somme, plusieurs choses peuvent nous enlever de l'énergie: une mauvaise nouvelle, un temps maussade, une critique, les embouteillages, un sentiment de culpabilité, des personnes négatives, vos cheveux qui vous donnent du fil à retordre ce matin, sans parler de cette irruption volcanique sur le bout de votre nez le jour d'un rendez-vous galant. Ce sont toutes des situations qui peuvent vous vider de votre énergie.

De plus, il ne faudrait pas passer sous silence le manque de sommeil, les enfants, le patron, les collègues, des surcharges de travail, le stress, le manque de temps, l'absence de reconnais-sance, une piètre communication, la mauvaise alimentation, le manque d'exercice, le désordre, les frustrations, le conjoint, l'in-compétence, les conflits, l'impôt, les factures, la belle-mère... Tous ces déplaisirs peuvent aussi vous gruger de l'énergie.

Certains de ces déplaisirs auront l'effet d'une fuite, comme un petit trou dans un boyau. C'est le cas, entre autres, avec ce ti-roir qui reste toujours coincé et ce collègue qui mâche sa gomme bruyamment. C'est insidieux, on s'en aperçoit à peine, mais quand ça dure des semaines et des mois, ça vous vide quand même. D'autres déplaisirs plus importants agissent comme si quelqu'un avait tiré d'un coup le bouchon du bain, par exemple une nouvelle désagréable, une dispute avec votre conjoint, une dépense inattendue qui grève votre budget. L'énergie s'en va rapi-dement.

Et d'autres déplaisirs plus graves encore vous font l'effet d'une panne de courant. Ce peut être le cas lors de l'annonce d'un divorce auquel vous ne vous attendiez pas, de la perte d'un em-ploi, d'un chagrin d'amour ou du décès de quelqu'un. On peut mettre des mois et des années à s'en guérir. Ces pertes d'énergie se produisent parce que ce déplaisir a suscité une émotion qui a ac-tivé une certaine partie de votre cerveau, votre centre de déplaisir. Celui-ci se met alors en alerte et provoque toute une séquence de réactions physiologiques.

Nos centres de plaisir et de déplaisir dans le cerveau

Dans notre cerveau, nous retrouvons à la fois des centres de plaisir et de déplaisir. Quand un stimulus atteint l'une de ces par-ties, cela déclenche une série de réactions électrochimiques qui vous videront de votre énergie ou l'augmenteront. Selon notre personnalité, notre éducation, notre échelle de valeurs et notre ex-périence, tel stimulus est un plaisir pour une personne alors qu'il peut être un grand déplaisir pour une autre.

Une situation qui provoque votre colère ou votre peur peut stimuler vos réflexes de survie et vous faire déployer énormément d'énergie sur le moment mais après, il y aura immanquablement une chute d'énergie. Si le déplaisir du manque de reconnaissance d'un de vos proches ou un autre déplaisir peut vous «siphonner» de l'énergie, un plaisir peut par contre l'accroître.

Un plaisir inattendu

C'est vendredi soir. Vous venez de terminer une semaine particulièrement éprouvante. Le temps était gris et pluvieux, tout le monde était plutôt maussade, votre voiture était à la réparation, ce qui vous a coûté un prix insensé. Au bureau, on a repéré de multiples erreurs, tout le travail a dû être refait et le patron était d'une humeur exécrable. Vous êtes crevé. Donc, ce vendredi soir, vous êtes à votre résidence, il est 19h 30. Vous avez averti votre conjoint que pour rien au monde vous ne sortirez de la maison.

Complètement vidé, vous vous apprêtez à aller au lit même s'il est encore très tôt. Le téléphone sonne, vous répondez. «Salut, vieille branche! Comment ça va?» Vous reconnaissez la voix d'un vieux copain de collège avec lequel vous avez eu un plaisir fou. C'était vraiment un bon ami mais vous l'avez perdu de vue depuis qu'il travaille à New York. Il vous explique qu'il est de passage dans votre ville pour négocier un gros contrat. Trop occupé à conclure cette entente, il n'a pas pu vous appeler plus tôt. Le fait d'entendre sa voix stimule déjà votre énergie. Vous vous remémorez toutes les bonnes blagues que vous avez échangées et les tours que vous avez joués ensemble. Vous ne sentez déjà plus votre fatigue.

Voilà que cet ami vous propose alors une chose très spéciale. Il vous explique que l'entreprise de haute technologie pour laquelle il travaille offre des programmes de reconnaissance très particuliers pour motiver et fidéliser ses employés. Dans l'un d'eux, l'employé méritant peut demander quelque chose qui lui plairait vraiment et, dans la mesure du possible, souvent on accède à ses demandes. Compte tenu du fait que le contrat que votre ami vient de négocier est vraiment un coup de maître, sa demande n'a posé aucun problème.

Il vous propose donc de vous emmener à New York pour le week-end et de vous faire découvrir les meilleurs endroits, tout cela aux frais de l'entreprise en question... Alors, que faites-vous? Vous hésitez? Vous êtes vraiment trop fatigué? Il y a de fortes chances plutôt que, dans 15 minutes, vous serez déjà à la porte, votre valise à la main, à attendre un taxi. Et pourtant, voilà à peine quelques minutes, vous étiez complètement vidé, épuisé, prêt à aller dormir. Pour rien au monde vous ne seriez sorti de la maison! Que s'est-il passé?

Le plaisir apprivoise votre énergie cachée

Autant un gros déplaisir a le pouvoir de vous vider de votre énergie, de la même façon un grand plaisir peut vous la recharger en un temps record. À preuve, ce plaisir qui a eu un effet instantané sur votre énergie alors que vous pensiez être complètement à plat. En fait, il vous restait de l'énergie, mais elle n'était pas disponible pour d'autres choses désagréables, mais sitôt qu'un plaisir se présente, vous êtes à nouveau galvanisé d'énergie.

Nous pourrions faire l'analogie avec ce qui se passe en temps de récession économique. C'est comme si votre énergie s'éclipsait un peu. En vérité, lors d'une récession, on serait porté à croire qu'il n'y a plus d'argent, mais c'est simplement que les gens ne font plus confiance à la conjoncture économique qui prévaut et ne le mettent pas en circulation. Ils ne prennent pas de risques. Notre énergie fluctue de la même façon. Quand nous vivons une série d'événements désagréables, notre énergie a tendance à se cacher pour ne pas subir d'autres pertes. Mais cela ne veut pas dire pour autant que vous êtes dépourvu d'énergie. Pour la faire jaillir de nouveau, vous devrez la réapprivoiser.

Il nous arrive souvent d'être trop fatigués pour telle ou telle tâche ménagère, pour tondre le gazon, mais nous sommes pourtant tout à fait disposés à faire quelque chose de plaisant. Nous avons souvent du mal à trouver de l'argent pour régler une facture, mais nous en dénichons toujours pour un petit voyage à bon prix ou une petite douceur. Quand le plaisir est là, soudain l'énergie et l'argent redeviennent disponibles.

Au moment où nous croyons ne plus avoir une parcelle d'énergie, celle-ci peut être ravivée par le plaisir, un peu comme un coup de vent ranime une braise. Pour faire sortir un animal sauvage de sa tanière, il faut l'attirer avec quelque chose d'intéressant, comme de la viande ou du miel. Ainsi, vous pouvez apprivoiser votre énergie avec le plaisir.

Nos émotions sont très physiques

Même si nos émotions semblent être davantage des senti-ments, elles n'en sont pas moins extrêmement physiques. Cer-taines expressions d'ailleurs en témoignent: «Cette personne est *froide* comme le marbre» ou encore «cette personne est *amère*» et «elle a un cœur de pierre». Ne trouvez-vous pas étrange que pour décrire un état d'âme nous utilisions autant de termes qui tradui-sent une réalité physique?

En fait, ces expressions ne sont pas que des figures de style, elles décrivent de façon bien réelle comment une personne vit ses émotions. Chacun de nos états d'âme provoque dans notre corps des réactions électrochimiques qui nous font sécréter diverses substances chimiques qui affectent directement notre physique, notre sang, notre urine, et tous nos tissus; ce qui leur donne un goût et une odeur.

Autrefois, les médecins diagnostiquaient les maladies selon l'odeur et le goût des urines de leurs patients. À cette époque, les médecins goûtaient véritablement l'urine de leurs patients pour prononcer leur diagnostic. C'est ainsi qu'une personne dont l'urine avait une saveur *amère* ou *sucrée* donnait par le fait même des indices quant à la maladie qui l'affectait. C'est peut-être pour cette raison d'ailleurs que, dans le vocabulaire anglais, quand on veut parler d'une personne très gentille, on dit qu'elle est «sweet» (sucrée).

Comme on le voit, nos émotions sont bel et bien physiques, même si les pratiques médicales ont changé et que nos méthodes pour le diagnostic des maladies sont bien différentes. Chose cer-taine, nos médecins actuels sont sûrement très reconnaissants à la science d'avoir trouvé d'autres moyens de diagnostic qui leur épargnent ces dégustations plutôt spéciales.

La peur a une odeur

Des scientifiques ont mené une expérience très intéressante. Ils ont choisi un groupe de rats auxquels ils ont fait extrêmement peur, ce qui a provoqué une véritable panique dans tout le groupe. Chez tout être vivant, la peur mobilise tout le système nerveux et, chez les rats comme chez les êtres humains, la peur déclenche des réactions électrochimiques qui font sécréter à l'individu une odeur particulière.

Pour les besoins de l'expérience, les chercheurs ont réussi à prélever cette odeur sur des morceaux de coton et ils ont par la suite fait sentir cette odeur à un autre groupe de rats qui eux, étaient bien à l'abri dans leur cage. En humant cette odeur, ces derniers ont été pris de la même terreur que le premier groupe même si aucun danger ne les menaçait. Intéressant, n'est-ce pas? Donc, si la simple odeur de la peur a le pouvoir de semer l'épouvante, c'est dire combien les émotions sont bel et bien physiques.

Le professeur Hans Selye, auteur du livre *Stress sans détresse*, a fait des découvertes fort intéressantes au sujet du stress. Ce scientifique avait posé l'hypothèse qu'un être vivant, humain ou animal, s'il est soumis à beaucoup de stress, aura plus tendance à tomber malade qu'un autre qui ne vit pas de stress. Pour vérifier son hypothèse, il a effectué de multiples expériences sur des rats en laboratoire. D'une part, il disposait d'un groupe expérimental auquel il faisait vivre toutes sortes de stress. D'autre part, il gardait un groupe témoin, des rats qui vivaient bien calmement, une vie exempte de stress.

Les recherches du professeur Selye ont démontré hors de tout doute que le stress affaiblit le système immunitaire de tout être vivant et que nous sommes moins résistants aux maladies quand nous subissons beaucoup de stress. D'ailleurs, n'est-ce pas au moment où nous sommes très fatigués que nous contractons plus facilement la grippe et que des gens se déplacent des vertèbres? Le corps affaibli par le stress et les déplaisirs flanche plus rapidement et éprouve plus de difficulté à guérir.

Ces déplaisirs qui vous empoisonnent l'existence

Une autre découverte du professeur Selye m'a beaucoup impressionnée. Dans son livre, il présente la photo des organes de deux rats après autopsie, l'un ayant subi beaucoup de stress et l'autre non. Les organes du rat dont la vie était dépourvue de stress étaient roses. Son foie, son cœur, ses poumons et ses reins étaient roses, alors que ceux du rat stressé étaient beaucoup plus foncés. Ils étaient presque rouge vin car ils étaient intoxiqués, empoisonnés par le stress.

Quand nous vivons des déplaisirs, notre cerveau réagit automatiquement en sécrétant des substances chimiques, de l'adrénaline et de la noradrénaline, entre autres. Ces deux substances provoquent une poussée d'énergie qui nous permet d'affronter des situations auxquelles nous ne pourrions pas faire face si nous étions trop détendus. C'est grâce à ces réactions que la plupart d'entre nous sommes encore en vie. Quand vous conduisez votre automobile et que vous croisez une autre voiture dans un passage étroit, votre sang s'épaissit automatiquement pour prévenir l'hémorragie, si toutefois vous étiez blessé lors d'une collision.

Il est fascinant de constater comment notre cerveau réagit rapidement et mobilise tout notre système en situation de stress. Cependant, s'il n'y a pas de blessure, notre corps reste tout de même gorgé de ces substances chimiques et ces surplus de «poisons» s'accumulent dans notre système. De plus, quand nous sommes stressés, nous respirons en général moins profondément et notre sang est donc moins bien oxygéné.

Ces toxines qui vous cernent les yeux

Vous êtes-vous déjà demandé pour quelle raison, quand vous êtes fatigué, vos yeux sont cernés, irrités, comme si vous éprouviez une sensation de brûlure? Pourquoi les maux de cou, de dos ou de tête vous affligent-ils alors plus farouchement? Tous ces malaises sont la manifestation des toxines qui sont emprisonnées dans votre corps et qui n'ont pas été évacuées. Votre sang, trop chargé de substances chimiques, n'arrive plus à se nettoyer et laisse des dépôts de toxines ici et là dans votre corps.

Si votre énergie est bloquée et ne peut circuler aisément, elle ne sera pas disponible non plus pour vous aider à penser et à mener à bien vos projets. Donc, il est primordial pour votre énergie, votre santé et votre succès d'éliminer le plus possible les poisons de votre corps et ces déplaisirs qui vous «empoisonnent l'existence». Serait-ce à cela que nous faisons référence quand nous disons à quelqu'un d'arrêter de «se faire du mauvais sang»?

Le plaisir en remplacement du jogging?

Si les déplaisirs nous empoisonnent, le plaisir lui, nous nettoie en quelque sorte et renforce notre système immunitaire. Le plaisir nous fait lui aussi sécréter des substances chimiques mais qui sont bénéfiques cette fois. Les endorphines sont des substances euphorisantes qui nous font éprouver une sorte d'exaltation. Quand un bonheur vous arrive, ne dites-vous pas: «*J'étais tellement content que je volais*», ou encore, «*Je ne touchais plus terre*». Ce sont les endorphines qui vous procurent cette sensation d'euphorie et de bien-être.

En effet, c'est ce que l'on ressent après une certaine période d'aérobic, de jogging ou de ski. Cet apport supplémentaire en oxygène nous procure cette sensation agréable. De plus, les endorphines nous aident à purifier notre système et appellent à la rescousse d'autres «alliés internes» qui renforcent notre système immunitaire. Avec une armée forte pour nous défendre contre les déplaisirs et les virus, nous sommes vraiment équipés pour affronter de nombreuses situations, bien munis pour le succès et le bonheur.

Nous observons également que les endorphines ont le pouvoir d'inhiber la douleur. Par exemple, si nous apprenons une mauvaise nouvelle dans une période où nous sommes heureux, celle-ci nous affecte moins que si elle arrive dans un moment difficile. En plus de nous aider à affronter la difficulté de façon plus positive, les endorphines renforcent notre système immunitaire, nous rendant moins vulnérables aux maladies.

Nous savons tous que pour être en meilleure forme, nous devons mieux manger, prendre suffisamment de repos et faire de l'exercice, mais nous ne le faisons pas toujours, par manque de temps ou de discipline. Mais maintenant, nous avons un nouvel allié, le plaisir. Puisque le plaisir augmente notre énergie et renforce notre système immunitaire, pourquoi ne pas remplacer le jogging par le plaisir? Celui-ci est accessible à chaque instant et est même très souvent gratuit pour ceux qui savent où le dénicher. Mais si le jogging fait partie de vos plaisirs, gardez-le précieusement.

Plus de dépôts moins de retraits = beaucoup d'énergie

Reprenons l'image du compte en banque d'énergie. Pour maintenir votre énergie, pourquoi n'essaieriez-vous pas simplement d'apprendre à doser les déplaisirs et les plaisirs dans votre vie. L'équation est très simple, faites plus de «dépôts» et moins de «retraits» et vous vous retrouverez plus riches. En intégrant plus de plaisirs dans votre vie et en diminuant les déplaisirs, vous aurez de l'énergie à revendre.

Je vous entends déjà dire que vous ne pouvez pas supprimer tous les déplaisirs de votre vie. Vous ne pouvez pas éliminer les embouteillages, ni empêcher votre patron de vous stresser, encore moins votre fils de mouiller sa culotte, ou vous ne pouvez pas obtenir le numéro gagnant à la loterie et rencontrer le prince charmant sur demande. C'est vrai. Vous n'avez que très peu de pouvoir sur plusieurs déplaisirs de votre vie, mais vous en avez beaucoup plus que vous ne le croyez. Pensez-vous que les gens très heureux ne sont jamais pris dans des bouchons de circulation, qu'ils remportent le gros lot ou qu'ils tombent en amour tous les jours ? Bien sûr que non. Ils font face aux mêmes situations que vous, mais contrairement à vous, ils réagissent différemment à ces mêmes déplaisirs et c'est cela qui les rend heureux.

Les gens heureux et énergiques ont leurs propres façons de maîtriser leurs émotions et leurs réactions. C'est d'ailleurs ce que je vais tenter d'approfondir avec vous au cours des chapitres suivants. En apprenant à contrôler vos émotions et vos réactions, vous pourrez peu à peu diminuer les déplaisirs dans votre vie et ainsi limiter le tort qu'ils causent à votre santé et à votre énergie. Vous pourrez aussi augmenter les plaisirs dans votre vie, ce qui automatiquement accroîtra votre énergie. Ça marche, c'est garanti.

Quel est votre degré d'énergie?

Votre énergie est tellement importante dans votre réussite et dans l'atteinte de vos objectifs, qu'il serait intéressant d'évaluer combien vous en avez. J'ai donc préparé un petit exercice à votre intention, basé sur celui que j'ai élaboré après avoir pris conscience du lien étroit entre le plaisir et l'énergie dans ma propre vie. Cet exercice ne constitue pas une mesure scientifique de votre énergie, mais il vous aidera à en être plus conscient afin de l'utiliser plus efficacement.

Pour ce faire, je vous suggère d'effectuer cet exercice à la fin d'une journée, car il vous sera plus facile de retracer les événements qui ont influencé votre énergie. Après un certain temps, vous pourrez faire cet exercice à d'autres moments si vous le désirez, mais au départ cette technique vous sera plus profitable en fin de journée.

Exercice de repérage

Installez-vous confortablement, à l'écart, dans un coin où vous ne serez pas dérangé pendant au moins 10 minutes. Fermez les yeux et portez votre attention sur le centre de votre poitrine dans la région du cœur et du plexus solaire. Imaginez que vous avez à cet endroit un ballon d'environ 15 centimètres (6 pouces) de diamètre. Considérez ce ballon comme étant votre réservoir d'énergie, car c'est souvent à cet endroit que nous ressentons que nous sommes «vidés».

Concentrez-vous quelques minutes sur votre ballon et imaginez qu'il peut contenir environ un litre d'énergie. En vous le représentant, essayez de ressentir à quel degré il est rempli. Est-il plein au quart, au tiers, aux trois quarts, ou plus? Ouvrez les yeux et écrivez cette note sur 10 dans le tableau qui suit.

Une fois votre note d'énergie donnée, revoyez votre journée dans votre tête, heure après heure, et repérez les divers éléments qui ont marqué cette journée. Écrivez-les dans l'une des deux colonnes en les répartissant entre la colonne des plaisirs et la colonne des déplaisirs. Laissez tomber les éléments qui vous embêtent, à savoir si ce sont des plaisirs ou des déplaisirs. Ce ne sont probablement pas des éléments assez marquants et ils ne méritent sans doute pas que vous vous y attardiez.

Mon bilan d'énergie

Date:	Ma note d'énergie: /10
Mes plus + (plaisirs)	**Mes moins (déplaisirs)**

Si vous faites cet exercice un certain nombre de fois, disons trois ou quatre fois par semaine pendant un mois, vous constaterez probablement que si les circonstances extérieures ou les autres personnes vous enlèvent de l'énergie, elles ne sont pas les seules débitrices de votre compte d'énergie. Au bout d'un moment, vous verrez que VOUS êtes de temps à autre celui qui fait les plus gros retraits avec ces petites séances d'autocritique que vous tenez parfois, les noms peu flatteurs dont vous vous gratifiez, ainsi que les sessions d'apitoiement sur vous-même que vous vous autorisez à certains moments. Quoi que vous en pensiez, ce sont tous des dévoreurs d'énergie.

Si vous voulez mettre fin à ce pillage d'énergie et à cet auto-sabotage, vous devez prendre l'habitude de vous «sentir», comme vous l'avez fait dans l'exercice précédent et de vous laisser ressentir ces fluctuations dans votre compte en banque d'énergie. En prenant l'habitude de vous «sentir» au niveau de votre plexus solaire, vous arriverez assez rapidement à déterminer ce qui vous redonne de l'énergie et ce qui vous en enlève. Vous pourrez par la suite mieux contrôler votre énergie, votre vie et votre bonheur.

Les six aspects de votre vie

En ce qui me concerne, j'ai commencé à avoir une bien meilleure emprise sur ma vie quand j'ai cessé de la voir en deux volets seulement (vie privée, vie publique) et que je me suis mise à la séparer en six aspects distincts. Cela m'a permis de m'interroger sur mon degré de satisfaction quant à chacun de ces aspects et de m'employer par la suite à prendre les moyens nécessaires pour améliorer les aspects de ma vie qui ne me satisfaisaient pas. Pour augmenter votre énergie dès maintenant, je vous propose un autre exercice qui vous aidera à mieux déterminer ce qui vous vide de votre énergie et ce qui vous en redonne dans chacun des six aspects de votre vie: l'aspect professionnel, l'aspect financier, l'aspect affectif, l'aspect social, l'aspect physique et l'aspect spirituel.

L'aspect professionnel est la partie de votre vie à laquelle vous consacrez le plus clair de votre temps. Il comprend tout ce qui est relié à vos tâches quotidiennes à votre travail et à votre façon de gagner votre vie. C'est le domaine où vous pouvez exercer vos talents. Si vous êtes à la retraite ou que vous ne travaillez pas à l'extérieur, vous pouvez intégrer à cette partie de votre vie les activités auxquelles vous occupez vos journées.

L'aspect financier concerne bien sûr l'argent qui provient de votre salaire, de vos placements, des cadeaux et des héritages que vous avez reçus. Incluez-y tout le côté matériel de votre vie, le style de vie que vous menez, les loisirs que vos revenus vous permettent de vous offrir, votre lieu d'habitation, vos véhicules, votre façon de vous vêtir, etc.

L'aspect affectif comprend tout ce qui touche votre vie intime, votre relation avec votre conjoint, vos enfants, votre famille et votre belle-famille. Si vous êtes célibataire et que vos amis comptent beaucoup pour vous, intégrez-les dans cette partie de votre vie. Vous pouvez ajouter votre vie sexuelle dans cet aspect ou encore l'inclure dans l'aspect physique.

L'aspect social (loisirs) englobe tout ce qui touche votre vie extérieure, vos loisirs, vos relations d'affaires amicales, vos amitiés plus lointaines, votre participation à certains organismes sociaux ou politiques, bref, votre rayonnement social en dehors de votre cercle très intime.

L'aspect physique comporte votre santé, mais aussi votre apparence ainsi que votre niveau d'énergie globale. Si vous n'êtes pas malade mais que vous devez vous traîner hors du lit chaque matin, c'est que votre santé et votre apparence risquent d'en prendre un coup très bientôt. Alors, envisagez ces trois facteurs quand vous considérez l'aspect physique de votre vie.

L'aspect spirituel réunit votre vie intérieure, la religion, vos croyances, votre philosophie de vie, ainsi que le monde de l'invisible et de votre croissance personnelle. J'incorpore dans l'aspect spirituel les attitudes que je veux améliorer en moi et ce que j'aimerais comprendre de la vie. Si vous aimez faire des exercices, en voici un autre qui vous aidera à mieux cerner les plaisirs et les déplaisirs de votre vie en identifiant quels aspects de votre vie vous coûtent le plus cher en énergie et sur lesquels vous devriez travailler en priorité pour intensifier plus rapidement votre énergie et votre bonheur.

Les plaisirs et déplaisirs
dans chacun des six aspects de ma vie

Écrivez pour chacun des six aspects de votre vie ce qui constitue pour vous les plaisirs et les déplaisirs qui leur sont reliés.

Mes plaisirs	Mes déplaisirs
Aspect financier:	
Aspect professionnel:	
Aspect affectif:	
Aspect vie sociale et loisirs:	
Aspect physique:	
Aspect spirituel:	

Chapitre III

Entre volonté et désir,
mon cœur balance

Certains jours, nous sommes tellement pris par nos activités que nous agissons comme des automates, et nous faisons ainsi beaucoup de choses pour répondre aux attentes des gens. Au travail, vous vous dépensez de différentes façons et, de retour à la maison, d'autres activités vous attendent: vous devez prendre soin de votre famille, de votre lieu d'habitation, vous devez maintenir vos liens familiaux ou amicaux, et vous accorder aussi des activités de loisirs. En temps normal, ces dernières occupations devraient vous redonner de l'énergie mais ce n'est pas toujours le cas, car ces activités vous vident parfois de votre énergie. Comment cela est-il possible?

C'est ce qui arrive quand vous faites des choses davantage par obligation que par plaisir. Ces activités avec vos enfants qui devraient pourtant cimenter vos liens familiaux deviennent ainsi source de conflits; vos relations intimes, qui normalement viseraient à vous détendre et vous faire plaisir, deviennent source de tensions; et cet entraînement physique visant à améliorer votre forme vous épuise parfois encore davantage. Ainsi, trop d'activités faites par obligation évacuent toute votre énergie.

Bien entendu, il faut faire quelques concessions pour entretenir une vie de couple ou une vie de famille agréables; et pour conserver vos amis, vous devez parfois faire des efforts. Il n'y a rien de mal à vous obliger à effectuer certaines choses, mais trop fonctionner par obligation, voilà qui est nocif. Quand l'éventail des obligations est beaucoup plus élevé que le nombre de plaisirs que vous vous accordez, votre énergie s'évapore dans ces conditions. À constamment vous fouetter, vous puisez dans votre énergie de réserve et un beau jour, vos provisions sont à sec.

Qu'est-ce qui domine dans votre vie, les obligations ou le plaisir?

Pour vous aider à voir un peu plus clair dans tout cela, dressez une liste de tout ce que vous avez fait le week-end dernier. Une fois votre liste établie, inscrivez à chacune de ces activités un «O», quand il s'agissait pour vous d'une obligation, et un «P» quand elle constituait un plaisir. Faites le compte et voyez si votre vie est actuellement plus sous le sceau de l'obligation que du plaisir. Si vous ne vous réservez que peu de moments de plaisir pendant vos week-ends, ne vous demandez pas pourquoi vous êtes si fatigué, car pendant ces moments privilégiés, vous devriez en profiter pour faire le plein d'énergie et non continuer de vous vider.

Nos deux formes d'énergie: l'énergie du désir et l'énergie de la volonté

Deux formes d'énergie nous habitent, l'énergie du désir et l'énergie de la volonté. Comprendre ces deux formes d'énergie vous aidera à devenir une personne plus équilibrée et à maintenir un degré maximum d'énergie. Pour cela, il vous faut apprendre à alterner entre vos deux formes d'énergie. Vous devez à la fois écouter ces désirs spontanés qui vous portent vers certaines personnes ou certaines activités, mais vous devez également faire appel à votre volonté pour vous inciter à accomplir une démarche essentielle, même si vous n'avez pas vraiment envie de la faire.

Notre énergie du désir est notre carburant

C'est cette énergie qui nous pousse vers un partenaire sexuel, mais c'est aussi cette énergie qui nous fait caresser un rêve, convoiter un objet qui nous plaît, ou désirer nous améliorer en perspective d'un plus grand mieux-être.

C'est encore une fois l'énergie du désir qui nous donne envie de nous lever le matin quand nous projetons des activités agréables pour la journée. L'énergie du désir vient du cœur et elle nous motive tout naturellement à faire des choses, car c'est l'énergie du plaisir. L'énergie du désir nous donne des ailes puisqu'elle se renouvelle constamment.

Je pourrais comparer notre énergie du désir à une pile solaire qui se recharge continuellement... tant et aussi longtemps qu'il y a du plaisir. Mais si le plaisir est absent, vous devrez vous munir d'un système d'énergie de rechange et c'est là que la volonté entre en jeu. L'énergie du désir est très riche. Elle peut nous transporter et nous faire réaliser de grandes choses.

C'est cette forme d'énergie qui anime les «visionnaires». Ces visionnaires sont des êtres de la trempe d'Alexander Graham Bell qui nous a donné le téléphone, des frères Wilbur et Orville Wright qui ont inventé l'aéroplane ou, plus près de nous, de Guy Laliberté qui a fondé le Cirque du Soleil dont les exploits émerveillent des gens à travers le monde, ou de Luc Plamondon avec ses comédies musicales jouées à travers l'Europe et l'Amérique, et de Céline Dion et René Angelil qui ont fracassé des records de tous les temps dans le domaine de la chanson. Cette énergie du désir est présente en chacun de nous, mais elle est trop souvent emprisonnée, étouffée par notre énergie de volonté.

Notre énergie de volonté est notre fouet intérieur

C'est cette énergie qui nous oblige à accomplir telle ou telle tâche et qui nous incite à faire des efforts. Pour la plupart de nous, ce sont nos parents qui ont forgé notre volonté et cela a fait de nous des êtres sociaux et responsables. Nos parents appelaient cela nous inculquer «le sens du devoir». Ces impératifs que nous dicte notre volonté se traduisent dans notre langage intérieur par des «*Il faut*», «*Je dois*», «*Je n'ai pas le choix*».

En somme, c'est par ce genre d'expressions que nous poussons sur nous-mêmes pour nous faire avancer. C'est notre petit fouet intérieur. Notre volonté est essentielle à notre réussite et à notre équilibre. Le seul problème, c'est qu'elle ne se renouvelle pas aussi bien que notre énergie du désir. Notre volonté puise dans nos réserves d'énergie et il faut éviter à tout prix de fonctionner exclusivement sur cette forme d'énergie, sous peine de tomber en panne.

Les dangers de trop se fouetter

Pour obéir à notre volonté, nous devons jusqu'à un certain point cesser d'écouter les messages que nous renvoie notre corps. Quand nous sommes fatigués, que notre nuque est endolorie, que notre dos est courbaturé, et que les yeux nous brûlent, nous nous disons souvent: «*Encore un petit effort, il FAUT que je termine cela*». C'est ce que font les athlètes qui continuent de courir même si tous les muscles de leur corps crient de douleur. C'est grâce à leur discipline personnelle qu'ils remportent de grands succès. Il est indéniable que de refuser d'écouter notre douleur peut nous faire atteindre des sommets parfois insoupçonnés, mais nous ne pouvons faire cela éternellement sans en payer un jour le prix.

Il fut un temps où je comparais mon corps à un cheval. Le jour où j'ai décidé de prendre vraiment ma vie en main et d'en faire un succès, mon corps n'était alors pour moi que le serviteur de mon esprit et son rôle se limitait à exécuter les ordres que ma tête lui donnait. S'il ne voulait pas suivre, un petit coup de fouet et le tour était joué. J'appelais cela «me mettre en mode tornade». J'étais très fière de cette faculté qui me permettait de faire à la vitesse de l'éclair ce que d'autres prenaient des semaines à accomplir. Je croyais alors que c'était là le secret de la réussite. Mais un jour mon corps a rué dans les brancards... et je me suis retrouvée par terre.

Des migraines paralysantes

Fatigué de mes incessantes commandes, exaspéré que je fasse fi de ses besoins de repos et de répit, découragé de ne jamais voir la fin de tous mes projets, mon corps s'est vengé en m'envoyant de jolies petites migraines qui me torturaient pendant 3 ou 4 jours, et ce, toutes les semaines. Cela a duré deux ans. Lors de ces fortes migraines, j'avais l'impression que quelqu'un me pinçait les replis du cerveau avec des ongles.

Cette douleur intense ne m'empêchait cependant pas de donner mes conférences, mais je n'arrivais plus à faire l'effort de contacter mes clients afin d'obtenir de nouveaux mandats. Travaillant à mon compte depuis quelques années seulement, mon entreprise n'était pas assez bien établie pour cesser d'en faire le marketing; mais mes migraines m'y ont forcée. Résultat: un chiffre d'affaires qui a chuté de 50 %. Encore chanceuse que des clients se soient souvenus de moi!

J'ai mis deux ans à triompher de ces migraines, en partie grâce à l'homéopathie qui a traité la cause physique du mal, et grâce aussi au nouveau pacte que j'ai conclu avec mon corps. J'ai cessé de le fouetter constamment et désormais je l'appelle mon «brave petit cheval». J'ai compris que mon corps est mon partenaire le plus précieux et qu'il vaut mieux être polie et gentille avec lui, car au fond, c'est mon associé principal. Maintenant, je suis beaucoup plus attentive et consciente de ses besoins, je le dorlote et je lui fais davantage plaisir.

Êtes-vous drogué à l'effort?

L'habitude de fonctionner principalement par la volonté constitue pour certains un véritable plaisir. Valorisant l'effort à l'extrême, des gens en deviennent même des drogués de travail, des *«workaholics»*; cependant, contrairement aux alcooliques, ce qui les enivre c'est le travail *(work)*. C'est un peu ce qui est arrivé à la chanteuse Céline Dion qui accumulait succès après succès et qui remportait trophées sur trophées. Lors d'une émission qui lui était consacrée, en route vers Las Vegas après une tournée triomphale au Japon, elle racontait qu'elle s'ennuyait un peu: elle n'avait pas de plus gros défi à se mettre sous la dent. Quelle ne fut pas sa joie quand on lui demanda de remplacer à pied levé Barbara Streisand aux Grammys à Hollywood. Quand je l'ai entendue dire cela, je me suis fait la réflexion qu'elle était «droguée» à l'effort, au défi et au stress, et je me suis demandé combien de temps elle pourrait encore tenir à ce rythme d'enfer.

Si vous êtes de ces gens qui aimez relever constamment des défis et dépasser vos limites, vous savez que cette faculté vous permet de réaliser des choses hors du commun. Mais il faut aussi voir jusqu'où vous pouvez aller et quel prix vous êtes prêt à payer. Je suis d'accord avec le fait de repousser ses limites et d'exploiter ses talents au maximum, mais il ne faut pas perdre de vue notre but principal, être heureux.

Faire des efforts et ne pas écouter les signaux de votre corps peut vous tailler une place des plus enviables dans la vie, mais cela vous fera-t-il réussir votre vie? Quand Céline Dion et son mari ont annoncé qu'ils se retiraient en pleine gloire pour vivre leur vie et simplement être heureux, je leur ai levé mon chapeau. Il est exaltant d'escalader des montagnes. Une fois au sommet de l'une, une autre vous appelle déjà, mais ne serait-il pas agréable aussi de vous y arrêter quelques heures pour y pique-niquer, pour admirer le paysage et pour savourer le fruit de votre labeur?

Et qu'en est-il de vous? Êtes-vous drogué à l'effort? Accordez-vous une certaine valeur à quelque chose que vous obtenez facilement? Réussissez-vous à être fier de vous après une journée où vous n'avez rien fait de «productif»? Êtes-vous du genre à dresser des listes de choses à faire, même les samedis et les dimanches? Pendant le week-end, commencez-vous à vous reposer seulement le dimanche vers 15 heures? Et si vous allez en vacances au bord de la mer, combien de temps vous faut-il pour décompresser et cesser de trouver le temps long, pour vraiment jouir de la mer? Vous voyez le portrait? Faites votre examen de conscience, l'examen de votre bonheur et demeurez vigilant.

Se désintoxiquer de l'effort

Pendant plusieurs années j'ai été «droguée» à l'effort. J'ai mis plusieurs années à me défaire de cette «drogue», mais il me fallait avant tout me rendre compte à quel point j'étais «droguée». Je l'ai constaté quand j'ai réalisé que les succès trop faciles ne me donnaient pas réellement de plaisir. Je devais souffrir pour être contente. Cette prise de conscience faite, j'ai mis un certain temps à me désintoxiquer de l'effort et, pendant ma «désintoxication», j'ai aussi eu beaucoup de mal à prendre plaisir à fonctionner au ralenti et à laisser venir les choses sans les forcer.

Habituée à toujours provoquer les événements et à lancer des projets qui demandaient une énergie folle, fascinée par les résultats que j'entrevoyais, j'en oubliais d'évaluer mes forces. Quand celles-ci se faisaient tirer l'oreille, je sortais mon fouet et j'agissais en mode «tornade», comme je l'ai souligné précédemment. Mais quand les migraines sont arrivées, le bouton «tornade» s'est brisé. Toutefois, ma volonté, elle, était toujours intéressée à se lancer à fond de train dans des projets. C'est pourquoi, au début de ma «désintoxication», j'ai dû me retenir de proposer des projets, avant d'y avoir réfléchi pendant au moins quelques jours.

Dans toute désintoxication, il y a un moment difficile, une sorte de passage à vide. Nous sommes «en manque» de ce plaisir dont nous voulons nous défaire car nous étions devenus esclaves de cette habitude. Si vous constatez que vous êtes drogué à l'effort et si vous décidez de vous désintoxiquer, attendez-vous à ce passage à vide et acceptez d'avance que certains soirs où certains week-ends – dont vous n'auriez pas planifié chaque instant – vous trouverez le temps long, et vous ne saurez que faire de vous-même.

Changez vos pensées, changez votre vie

Je suis de ceux et celles qui croient que nous créons notre réalité et que les pensées que nous entretenons, conscientes ou inconscientes, façonnent notre vie et attirent vers nous toutes sortes de circonstances et de personnes qui nous feront vivre les scénarios que nous avons en tête. Si nous croyons que la vie doit être «lancinante et pénible» comme un mal de tête, c'est exactement ce que nous créerons. Mais si au contraire nous sommes convaincus qu'elle peut être merveilleuse et combler nos désirs, c'est ce que nous attirerons aussi, car nous sommes de véritables aimants.

Observez votre existence et ses différentes composantes, car les événements de votre vie sont des résultats concrets de ce que vous pensez valoir ou de ce à quoi vous pensez avoir droit. Regardez bien votre vie. Aimez-vous ce que vous voyez? Si vous aimez les résultats que vous y constatez, félicitez-vous et ne changez rien. Jouissez de votre bonheur. Mais si vous n'aimez pas ce que vous voyez, dites-vous que c'est là l'aboutissement de vos croyances et que vous pouvez les changer.

Jouez à vous fabriquer des croyances «le fun»

Au Québec l'expression «le fun», empruntée à la langue anglaise, évoque encore plus de plaisir que le mot «plaisant», c'est pourquoi je vous invite à vous fabriquer de nouvelles croyances «le fun». L'idée est de jouer à vous forger de nouvelles croyances et à observer l'effet que cela produira sur votre vie. En ne vous prenant pas trop au sérieux, vous donnez une plus grande latitude à votre subconscient qui préfère recevoir des suggestions agréables plutôt que de se faire donner des ordres.

Pour vous façonner de nouvelles croyances «le fun», commencez par établir les déplaisirs dans votre vie. Pour vous y aider, vous pourriez recourir aux exercices (mon bilan d'énergie ou celui des plaisirs et déplaisirs des six aspects de ma vie) du chapitre II où vous avez déjà fait la nomenclature de certains déplaisirs. Par exemple, êtes-vous entouré de gens qui vous exploitent sans vergogne, sans rien donner en retour et qui considèrent comme un dû ce que vous faites pour eux? Si c'est le cas, jouez à vous fabriquer une nouvelle croyance que la vie est remplie de gens généreux en quête de personnes comme vous, désireuses d'échanges mutuels.

Si vous choisissez de vous former cette croyance, demeurez attentif à tous les gens à l'air généreux que vous rencontrez, et essayez d'entrer en contact avec eux. Souriez-leur, dites-leur bonjour, tenez-leur la porte et observez ce qui se passe, vous vous ferez peut-être de nouvelles connaissances. Mais rappelez-vous, vous ne donnez ce traitement qu'à ceux qui ont l'AIR généreux, sinon les profiteurs se régaleront. Jouez à cela disons pendant une ou deux semaines et observez ce qui se passe.

Toutefois, si votre existence est remplie de gens hostiles ou agressifs, vous entretenez peut-être la croyance que la vie est difficile. Si tel est le cas, sans aller jusqu'à croire qu'il n'y a pas de gens hostiles, vous pouvez cependant «jouer» à vous élaborer une nouvelle croyance et supposer, à juste titre, qu'il existe beaucoup de personnes heureuses et gentilles autour de vous, mais que vous ne les avez simplement pas encore remarquées.

Alors, au cours des prochaines semaines, imaginez-vous portant des lunettes dont le rôle est de filtrer les gens et de ne voir que les personnes souriantes aux yeux brillants. Faites cela et observez ce qui se passera dans votre vie. Et ne vous étonnez pas de voir apparaître au moins une personne généreuse et gentille qui ensoleillera votre vie. Ce pourrait être votre voisin de palier, un chauffeur d'autobus, le poissonnier ou un enfant qui joue à la balle près de chez vous. Ne soyez pas trop gourmand au début. Contentez-vous de petits résultats, les plus gros viendront si vous persévérez.

Le secret de la réussite : l'alternance du désir et de la volonté

Ainsi, si vous voulez réussir votre vie, vous ne pouvez pas suivre uniquement le chemin de votre plaisir, vous devrez faire alterner votre énergie du désir avec celle de la volonté. Comme dans la philosophie chinoise, il y a le yin et le yang; en électricité, il y a un pôle positif et un pôle négatif; dans la nature, il y a les jours et les nuits; et dans la vie, il y a le désir et la volonté. C'est en faisant alterner constamment ces deux principes que vous savourerez une vie agréable, productive et réussie.

Deuxième partie

Comment diminuer vos déplaisirs

Cinq étapes pour diminuer vos déplaisirs

Vous êtes sans doute impatient d'augmenter vos plaisirs. Cependant, vous obtiendrez de meilleurs résultats si vous commencez par diminuer vos déplaisirs. Supposez qu'une personne ait froid dans sa maison. Trouveriez-vous intelligent qu'elle augmente le chauffage des pièces d'en avant sans prendre soin de fermer d'abord les fenêtres à l'arrière? C'est la même chose pour votre énergie. En premier lieu, avant d'augmenter vos plaisirs, réduisez vos fuites, vos déplaisirs.

Voici une petite méthode en cinq étapes à appliquer chaque fois qu'un déplaisir se montre le bout du nez. C'est une approche globale que vous pouvez appliquer à tous vos déplaisirs. Quand vous hésitez à faire quelque chose ou que vous sentez votre énergie baisser devant une tâche ou pour répondre à la demande de quelqu'un, utilisez cette méthode, ça fonctionne!

Méthode en 5 étapes pour diminuer vos déplaisirs

1. Fuyez les déplaisirs (si vous acceptez les conséquences de votre fuite, bien sûr);

2. Apprenez à dire non;

3. Agissez pour changer la situation;

4. Acceptez ce que vous ne pouvez pas changer;

5. Trouvez du bon à une situation de déplaisir.

Chapitre IV

Fuyez les déplaisirs

(si vous acceptez les conséquences de votre fuite, bien sûr)

À mon sens, la meilleure façon de diminuer vos déplaisirs, c'est de les fuir. Cependant, quand je présente cette idée lors de mes ateliers, plusieurs participants sursautent, surtout quand je m'adresse à des dirigeants d'entreprise. Ils pensent à première vue que je les invite à se défiler devant leurs responsabilités. Ce n'est pas le cas, au contraire.

En effet, je propose de fuir les déplaisirs **si vous acceptez les conséquences de votre fuite, bien sûr**. La deuxième partie de la stratégie est tout aussi importante que la première et elle vise justement à vous permettre de réfléchir; ce qui vous rend encore plus responsable. Toute personne, qu'elle soit employée, cadre d'entreprise ou parent, aura de la difficulté à vraiment assumer ses responsabilités et à agir de façon courageuse, si elle est à bout d'énergie. Elle risque alors la fuite inconsciente.

Vous pouvez vous dérober à plusieurs déplaisirs sans occasionner trop de conséquences néfastes, mais il en est toutefois certains autres auxquels il peut être particulièrement grave de se soustraire. Il nous arrive trop souvent de nous laisser imposer une foule de déplaisirs sans opposer la moindre résistance. Ces déplaisirs grugent votre énergie et vous pourriez souvent les éviter sans trop d'inconvénients. À fonctionner par réflexes conditionnés, vous vous laissez piéger inutilement dans toutes sortes de situations pour le moins désagréables.

Tout bien considéré, votre énergie est une ressource aux quantités limitées, il vaut mieux l'économiser et la préserver pour ce qui revêt une plus grande importance. Si vous disposez de 500 $ pour votre week-end, ne serait-il pas préférable de réfléchir avant de le dépenser pour toutes sortes de peccadilles dénichées au magasin à rabais, si vous voulez qu'il vous en reste pour vous offrir un bon restaurant ou un costume?

Vous priver de fuir peut vous coûter cher

Ne pas s'accorder la chance de fuir les déplaisirs peut vous coûter très cher. Le docteur Henri Laborit a écrit *L'Éloge de la fuite*, un livre duquel un cinéaste s'est inspiré pour faire le film *Mon oncle d'Amérique*. Dans ce film, Gérard Depardieu joue le rôle d'un homme d'affaires dont le commerce bat de l'aile. En homme responsable, il assume à tous les niveaux et ne s'accorde pas le moindre répit. Il travaille sans relâche pour sauver son entreprise. Et voilà que se sentant coincé de partout, sans issue de secours, son corps qui en a ras le bol de se faire malmener et de ne vivre qu'obligations et déplaisirs, lui fait la grève et se «tape» un joli petit infarctus.

S'il est valeureux de ne pas vouloir se défiler devant ses responsabilités, cela peut également nous coûter très cher. Plusieurs infarctus, de multiples ulcères d'estomac et nombre de surmenages professionnels pourraient être évités si les gens s'accordaient plus de petites douceurs leur permettant de relâcher la tension. Dans votre vie ou dans votre carrière, il vient des moments où vous avez besoin de toutes les parcelles de votre énergie. En soupesant les avantages et les désavantages d'éviter éventuellement tel déplaisir, vous posez un geste conscient et vous agissez en adulte.

Par conséquent, la prochaine fois qu'un déplaisir se présentera, prenez le temps d'y réfléchir du moins deux minutes et demandez-vous: «*Ai-je envie de faire cela?*» Si la réponse est oui, alors faites-le. Mais si vous hésitez, c'est probablement que vous vous trouvez devant un déplaisir qui vous occasionnera une perte d'énergie. Ce déplaisir peut être grand ou petit, à vous maintenant d'évaluer combien il vous coûtera en énergie si vous lui faites face. Certains déplaisirs ne vous occasionneront qu'une légère perte d'énergie, d'autres par contre seront plus coûteux. Alors, si vos épaules s'affaissent, que votre cœur ou votre estomac se serre, attention, il est possible que vous perdiez beaucoup d'énergie. Envisagez les conséquences d'une échappatoire.

Pour ce faire, listez mentalement tout ce qui pourrait arriver si vous ne teniez pas compte de ce déplaisir et ne lui donniez pas suite. Par exemple, demandez-vous quelles seraient les conséquences de ne pas vous présenter à cette réunion, de ne pas rédiger cette lettre, de retarder cette conversation franche avec votre conjoint, ou de ne pas faire le ménage cette semaine...

Au bout du compte, échapper à ce déplaisir aura-t-il des répercussions sur la qualité de votre travail, incommodera-t-il considérablement vos collègues ou votre patron, pourra-t-il entraîner une dispute avec votre conjoint ou causer préjudice à une autre personne, entraînera-t-il des problèmes plus grands dans l'avenir, ou encore fuir ce déplaisir va-t-il carrément à l'encontre de vos valeurs profondes? À vous de voir et d'évaluer les conséquences d'une fuite éventuelle. Ce n'est pas parce que vous jaugez les possibilités d'une fuite que vous fuirez nécessairement.

Vous dites que vous ne POUVEZ pas fuir?

Chose certaine, les conséquences d'une fuite sont parfois très graves, aussi vous contraignez-vous à ne pas fuir. C'est d'ailleurs ce que vous faites trop souvent, alors qu'en général vous POUVEZ toujours fuir une situation, car vous n'êtes en fait obligé à rien. Cependant, si vous vous voulez être un parent responsable, entretenir une relation de couple harmonieuse, ne pas avoir d'ennuis avec la justice ou être apprécié de vos collègues, vous devrez alors remplir certaines conditions pour jouir des avantages qui viennent d'être énumérés. Si vous souhaitez jouir de certains de ces bénéfices, vous devez satisfaire à quelques exigences pour les obtenir. Personne ne peut nous obliger à quoi que ce soit à moins qu'une partie de nous ne le veuille.

Notre éducation joue un rôle considérable quant à notre comportement d'adulte actuel en raison des réflexes conditionnés que nous y avons acquis et des croyances que nous avons adoptées. Par exemple, si nous avons appris enfants que nous ne POUVIONS pas faire telle ou telle chose et que nous ne POUVIONS pas dire non, il y a de fortes chances qu'à l'âge adulte, lors de circonstances similaires, nous répondions: «Je ne PEUX pas dire non» ou «Je ne PEUX pas fuir cette situation».

En vérité, on nous a fait croire certaines choses sur nous-mêmes. Enfants, nous étions impuissants et nous étions dépendants de nos parents. Pour survivre, nous devions suivre les règles qu'ils nous dictaient et croire ce qu'ils nous disaient. Le problème, c'est qu'une fois devenus adultes, nous ne cherchons pas toujours à vérifier si ce qu'ils nous ont appris sur la vie et sur nous-mêmes est vraiment valable au moment présent. Aujourd'hui, si nous voulons êtres des adultes responsables, il nous faut examiner les faits et nous faire notre propre opinion.

En fait, nous sommes un peu comme ce très jeune éléphant à qui on a attaché la patte pour ne pas qu'il s'éloigne du cercle. Au début, il a bien tenté de tirer sur sa chaîne, mais cela lui blessait la cheville et lui faisait mal chaque fois. Alors, au bout d'un certain temps, il a renoncé à tirer sur sa chaîne et a conclu: «On ne sort pas du cercle et on obéit au gardien». Devenu adulte et pesant une tonne, notre pachyderme est toujours attaché avec cette même petite chaîne et n'ose toujours pas s'aventurer hors du cercle. Le pauvre! Si seulement il essayait, il verrait vite qui est le plus fort. Mais voilà le problème, il n'essaie pas. Alors, comme vous n'êtes pas un éléphant, à vous de vérifier ce que vous ne POUVEZ pas ou ne VOULEZ pas faire, et autorisez-vous à fuir dans l'éventualité où un déplaisir vous coûterait trop cher en énergie.

Une invitation peu appréciée

Supposons que votre conjoint ait accepté une invitation à dîner samedi soir prochain chez un couple de vos relations, sans vous consulter. Sitôt qu'il vous informe de cette sortie, votre énergie chute d'un coup, car étant dans une période très occupée au travail, la seule chose dont vous rêviez pour ce samedi soir était une soirée coton ouaté – vidéo – maïs soufflé. Quelle déception! Si vous êtes du type «gentil» vous aurez peut-être tendance à ne pas dire un mot pour ne pas déplaire. Cependant, tout le reste de la semaine vous serez de mauvaise humeur et des disputes pourraient éclater avec votre conjoint.

Tout cela aurait pourtant pu être évité si vous vous étiez donné la permission de *fuir le déplaisir en acceptant les conséquences de votre fuite.* Si vous aviez pris un moment de réflexion et constaté que cette soirée de repos était encore plus importante pour vous et l'harmonie de votre couple que la déception que vous pourriez causer, vous auriez pu calmement l'expliquer à votre conjoint. En lui exprimant votre besoin de repos, vous auriez pu lui dire que vous apprécieriez qu'il décommande cette soirée. S'il s'était objecté et avait quand même tenu à y aller, vous auriez pu lui proposer qu'il y aille sans vous en l'assurant que vous serez très bien à passer ce samedi soir seul à la maison.

Bien sûr, votre conjoint réagira et je ne vous dis pas qu'il bondira de joie si vous adoptez cette attitude. Il essaiera sans doute de vous convaincre d'y aller quand même, mais maintenant le déplaisir est dans son camp. C'est à lui de s'organiser soit pour remettre l'invitation à un autre moment, ou soit pour vous excuser auprès de vos hôtes et de s'y rendre seul. Il est possible qu'à l'issue de cette discussion vous décidiez de céder pour cette fois, mais ce sera un sérieux avertissement pour la prochaine occasion où il serait tenté d'accepter une sortie sans vous en parler au préalable. À vous de ne pas abdiquer une seconde fois.

Une remarque difficile à faire

S'il est relativement facile de fuir un déplaisir dans votre vie personnelle, cela peut s'avérer plus difficile lorsqu'il s'agit de votre vie professionnelle. Supposons que vous êtes cadre d'entreprise et que vous avez une remarque difficile à faire à une employée qui accumule les erreurs. Cet entretien vous embête vraiment beaucoup, car c'est une employée habituellement consciencieuse et soucieuse de bien exécuter ses tâches. Mais voilà, la qualité de son travail s'est détériorée depuis quelque temps, si bien que les autres employés vous rapportent régulièrement ses erreurs et commencent à manifester des signes d'impatience.

Par ailleurs, vous avez entendu dire que cette employée traverse actuellement une période douloureuse sur le plan personnel et cette rétroaction risque d'empirer les choses puisqu'elle est particulièrement sensible et n'aime pas être prise en défaut. Elle s'est d'ailleurs déjà mise à pleurer un jour que vous lui faisiez une re-marque banale et vous craignez qu'elle ne réagisse de la même façon cette fois-ci. Comme les larmes vous désarment complète-ment, cette entrevue est un énorme déplaisir pour vous. Devez-vous vous y dérober ou y faire face?

En analysant la situation, vous vous rendez bien compte que, même si cette personne est très émotive, il est de votre devoir de lui expliquer la situation sans tarder, car si vous ne le faites pas, les erreurs continueront d'affluer, risquant cette fois d'entraîner de sérieux problèmes avec des clients. De plus, vous avez surpris des blagues désobligeantes au sujet de cette employée à la cafétéria et, si vous ne discutez pas avec elle très bientôt, ces méchancetés pourraient parvenir jusqu'à ses oreilles et la blesser profondé-ment. En pesant le pour et le compte et en évaluant les consé-quences d'une fuite, vous jugez en définitive qu'il est nettement préférable de limiter les dégâts et de faire face à la musique. Vous vous dites que ce déplaisir en évitera de plus importants plus tard.

Envisager la possibilité de fuir
peut vous rendre encore plus responsable

Vous donner la permission d'éviter un déplaisir en exami-nant les conséquences de votre fuite peut vous responsabiliser en-core davantage, mais à une différence près: vous doserez mieux vos pertes d'énergie et cela vous empêchera de fuir inconsciem-ment les déplaisirs; ce que font d'ailleurs beaucoup de gens.

Dorénavant face à un déplaisir, vous vous demanderez: «*Combien ce déplaisir peut-il me coûter en énergie par rapport à la perte d'énergie que peuvent entraîner les conséquences de ma fuite?*» Le bienfait de cette stratégie est qu'elle nous oblige à marquer un temps d'arrêt et à réfléchir, nous permettant ainsi d'agir en toute con-science. En vous demandant: «*Que se passerait-il si je fuyais?*», vous êtes obligé de faire un CHOIX et, après analyse, vous optez pour faire face à ce déplaisir ou le fuir, et ce, en assumant toutes les con-séquences de l'option choisie. Faire un choix consciemment vous évitera automatiquement de tomber dans deux positions très né-fastes: une fuite inconsciente ou jouer à la victime.

Dans notre exemple précédent, si notre cadre d'entreprise ne soupèse pas vraiment la situation et toutes les conséquences de la fuite, il peut fort bien se dire intérieurement: «*Il faut que je m'entretienne avec cette employée cet après-midi*», mais que son inconscient lui fasse «oublier» de lui parler. Ou il éprouvera peut-être l'envie irrésistible d'assister à une réunion dans un autre service, même s'il ne juge pas vraiment utile d'être présent habituellement. La fuite inconsciente peut prendre toutes sortes de formes, des plus créatives aux plus insidieuses. C'est pourquoi il est préférable d'envisager consciemment la fuite. Projeter la fuite et prendre une décision consciente vous évitera aussi de vous sentir victime de la situation.

Envisager la fuite éventuelle
court-circuite le sentiment d'être victime

L'impression d'être une victime naît quand une personne ne réfléchit pas à la situation et accepte d'emblée de n'avoir aucun pouvoir pour changer quoi que ce soit. Si vous acceptez de vous rendre à cette soirée que votre conjoint a acceptée à votre insu – sans émettre votre opinion ou exprimer votre désagrément – vous pourriez facilement déclencher un petit mélodrame dans votre esprit et vous apitoyer: «*Ah, pauvre de moi, mon conjoint ne me respecte pas, il me demande toujours de l'accompagner lors d'événements qui ne me plaisent pas. Je suis si fatigué, je ne vois pas comment m'en sortir avec tout ce travail au bureau et à la maison*». Ce sentiment d'être une victime sans défense et sans pouvoir peut envenimer considérablement une relation de couple, beaucoup plus d'ailleurs que si chacun prenait son propre sort en main et disait ce qui lui plaît ou non.

Notre dirigeant qui CHOISIT de faire sa remarque judicieuse à son employée, car il l'estime préférable pour tout le monde peut difficilement se plaindre par la suite et dire: «*Ah, pauvre de moi, je dois faire cette remarque à mon employée, je n'ai pas le choix*». Sachant qu'il a fait un *choix*, il aura plutôt tendance à dire: «*Je vais lui donner mes commentaires en toute franchise, même si je dois lui reprocher la qualité de son travail. Cela ne me fait pas plaisir mais c'est mieux pour toute l'équipe, aussi bien le faire maintenant*». Vous donner la permission de fuir consciemment court-circuite votre tendance à vous poser en victime et vous fait agir plus rapidement et de façon plus responsable.

Ces gens que vous aimeriez fuir
mais qui vous collent après

Non seulement les déplaisirs se présentent-ils à vous dans le cadre de situations particulières, mais ils se traduisent aussi sous les traits de personnes plus ou moins désirables. S'il peut être relativement facile de fuir certaines situations, les choses se compliquent quand le déplaisir porte le nom d'une personne ..., car cette dernière peut vous poursuivre et même vous harceler si vous tentez de vous en éloigner. Certes, il existe des gens avec lesquels il est plus facile de transiger que d'autres. En fait, ce sont de véritables vampires d'énergie, des êtres au pouvoir négatif avec lesquels vous éprouvez un profond malaise, bref, ce sont de véritables gouffres d'énergie. D'ailleurs, nous parlerons plus précisément au chapitre IX des stratégies pour vous aider à vous défendre contre ces voleurs d'énergie.

En attendant, devenez plus attentif aux fluctuations de votre énergie quand vous êtes en présence de différentes personnes. Si vous remarquez qu'après un entretien avec quelqu'un en particulier votre énergie est régulièrement à la baisse, considérez sérieusement les conséquences d'une fuite, car cette personne semble vous siphonner de l'énergie. Mais s'il s'agit de votre patron, de votre collègue, de votre belle-mère ou de votre conjoint, cela peut s'avérer plus délicat. Vous préférerez alors sans doute essayer autre chose avant de la fuir et les tactiques des prochains chapitres vous seront très profitables.

Quand vos relations avec une personne vous enlèvent de l'énergie c'est en général pour deux raisons: vous n'avez probablement pas énoncé vos besoins de façon assez précise ou établi clairement vos limites; ou l'autre personne n'est pas attentive à vos besoins et ne respecte pas ce que vous lui dites, par manque d'égards ou à cause de sa position hiérarchique. Si vous constatez que certaines personnes vous prélèvent de l'énergie, refusez de jouer les victimes et de conclure que les autres ne veulent pas respecter vos besoins. Avant de vous autoriser à tirer cette conclusion, vous aurez certains devoirs à faire.

Le bonheur est dans le choix

De façon générale, pour donner un rendement valable dans leur travail et atteindre les objectifs de leur entreprise, les représentants des ventes auxquels je donne régulièrement des séminaires doivent faire des appels de prospection, ce qui veut dire téléphoner à de parfaits inconnus et leur proposer leurs produits ou leurs services. C'est un travail très exigeant et c'est certainement le plus difficile à accomplir dans leur profession, en raison des rebuffades et des refus qu'ils essuient régulièrement. Ainsi, il arrive fréquemment à ces participants de me dire qu'ils ne PEUVENT pas fuir leurs téléphones et qu'ils éprouvent alors le sentiment d'être des victimes.

Même si je tente de leur démontrer qu'au fond rien ne les oblige à téléphoner, ils objectent que sans appels, ils ne peuvent conclure ces ventes qui génèrent leurs revenus. C'est exact, tout a une conséquence, mais comme il existe toujours des solutions de rechange, je leur suggère de substituer leurs appels téléphoniques à l'achat d'espaces publicitaires, à des envois postaux en grande quantité, ou encore en faisant du porte-à-porte. Mais ils s'écrient aussitôt: *«C'est impossible, ça coûterait trop cher et ça prendrait beaucoup trop de temps. De plus, rien ne prouve que ce serait plus efficace!»*

Voilà ce qu'il faut établir et prouver ici. Bien entendu, personne n'oblige ces représentants à faire du télémarketing à la pointe d'un fusil, mais comme ils ne veulent pas faire les frais des coûts de publicité, d'un publipostage imposant, ni se déplacer pour frapper aux portes de clients éventuels, ils concluent que le télémarketing est l'outil le plus efficace et le plus économique. Dans cette optique, ils viennent de faire le CHOIX de cet outil de promotion et ne peuvent donc plus jouer les victimes.

Pour vous aider à analyser vos déplaisirs dans votre vie et à comprendre si vous devez les fuir ou leur faire face, amusez-vous à faire l'exercice suivant et vous découvrirez sans doute des éléments très intéressants.

Fuir ou ne pas fuir

Faites la liste de 5 déplaisirs qui vous empoisonnent l'existence actuellement	Que se passerait-il si vous fuyiez ?	Que choisissez-vous de faire ?

Vous êtes maintenant soulagé de quelques déplaisirs que vous avez choisis de fuir. Mais comment dire non si vous êtes une personne gentille et dévouée ?

Chapitre V

Apprenez à dire non

Même si vous avez décidé mordicus de fuir un déplaisir, les choses se compliquent quand une autre personne vous convie à ce déplaisir. C'est justement parce que nous sommes influençables que d'autres arrivent à nous convaincre de faire telle ou telle chose et que nous nous sentons alors piégés et victimes des situations. Mais ce ne sont pas les autres qui nous épuisent la plupart du temps, mais plutôt notre incapacité à dire NON. Trop souvent, par peur de déplaire ou par peur de représailles, nous hésitons à opposer un refus. Cependant, bienheureux celui qui maîtrise l'art de dire non fermement mais sans offusquer autrui, car il contrôle sa destinée.

Vous avez certainement remarqué que je vois la vie comme une bande dessinée. Je me représente donc les relations interpersonnelles comme des échanges de champs magnétiques. Cela ressemble tantôt à une danse, tantôt à une guerre. Quand nous parlons de l'espace vital d'une personne, nous parlons en fait du rayonnement de son champ magnétique. Quand vous approchez d'une maison sous surveillance électronique, l'œil magique vous capte dès que vous êtes dans le champ de ses faisceaux. C'est la même chose avec les êtres humains, nous avons tous notre rayonnement magnétique et celui-ci fait des échanges continuels avec les autres. Nous donnons de l'énergie et nous en recevons.

Quand vous avez affaire à des personnes avec qui l'échange se déroule comme une danse harmonieuse, car elles entrent dans votre champ magnétique en respectant vos besoins, en prêtant attention à vos émotions, en s'informant si elles peuvent solliciter un service; elles vous redonnent de l'énergie et l'échange est alors agréable et sain. Ces interactions ressemblent à celles d'un couple de danseurs qui s'entendent bien. Leurs rythmes et leurs mouvements sont en harmonie. Ils ne se marchent pas sur les pieds et devinent les mouvements de l'autre. Quand des échanges se font dans une telle entente, nous nous disons alors que nous sommes *sur la même longueur d'onde* que l'autre. Mais ce n'est toutefois pas toujours le cas et il arrive qu'il faille affronter aussi des guerres d'énergie.

Certaines personnes viennent littéralement «camper» sur votre territoire et s'abreuver de votre énergie. Elles se servent de vous pour leurs fins personnelles sans se soucier de vos besoins. Elles font carrément du «détournement d'énergie», sans même que vous ne vous en rendiez compte. C'est ainsi qu'agissent les profiteurs et les manipulateurs dont nous parlerons au chapitre IX. Ils se servent de vous et vous laissent complètement détruits.

Pourtant, d'autres personnes plus gentilles vous prennent également votre énergie, sans mauvaises intentions, faute d'avoir délimité votre territoire ou établi vos limites. Habituées à bénéficier de vos largesses, elles considèrent maintenant toutes vos bontés comme un dû. Même si c'est difficile puisque vous aimez ces personnes, il vous faut malgré tout protéger votre territoire énergétique et apprendre à leur dire NON quand même. Il en va de votre énergie, de votre santé et de votre bonheur.

Ces gens qui vous utilisent

Vous connaissez l'expression: «Il ou elle m'a utilisé» pour faire ceci ou cela. C'est un fait, certains vous exploitent, mais encore une fois, ce n'est pas nécessairement mal intentionné de leur part, car cela dépend de quelle façon vous avez délimité votre territoire et établi vos limites. Si, lors d'une promenade dans un parc, votre chemin débouche sur un très beau jardin avec des chaises confortables et une jolie ombrelle, et qu'aucune clôture n'en défend l'accès, vous vous sentirez probablement autorisé à vous y asseoir.

D'un autre côté, si ce même jardin est clôturé, vous ne songerez même pas à vous y asseoir car de toute évidence il s'agit d'une propriété privée. Si vous en êtes le propriétaire, vous ne pourriez pas blâmer les gens d'y entrer si vous n'avez pas pris la peine au préalable de clôturer votre jardin. C'est à vous que revient la responsabilité de délimiter votre territoire et de protéger votre propriété. En ce qui concerne votre énergie, vous devez procéder de même. Il vous appartient de préciser la quantité d'énergie que vous voulez bien donner aux autres et celle que vous préférez garder pour vous-même.

Les personnes qui ont du mal à dire non ne sentent pas leurs baisses d'énergie

J'ai observé que les personnes qui ont du mal à dire non ont souvent de la difficulté à sentir leurs baisses d'énergie. Trop désireuses de plaire, elles ne sentent pas leur réservoir d'énergie se vider. Elles perdent donc leur énergie de façon inconsciente et elles ne se réveillent qu'au moment où elles sont en panne. C'est alors qu'elles accusent les autres de les exploiter. Mais qui exploite qui?

Vous arrive-t-il à l'occasion d'éprouver de l'agressivité pour certaines personnes car vous considérez qu'elles abusent de vous et prennent trop de votre énergie? Après avoir rongé votre frein pendant un certain temps, vous explosez, vous les traitez de tous les noms, et vous vous sentez leur victime. Mais elles ne sont pas coupables, c'est vous qui l'êtes.

En effet, si la jauge d'essence de votre voiture est défectueuse et indique toujours que votre réservoir est plein, seriez-vous en droit de blâmer votre fils de ne pas avoir fait le plein la dernière fois qu'il s'en est servi? Non, car il ne pouvait pas le savoir. De la même façon, vous êtes injuste envers les gens quand vous les accusez de profiter de vous et de vous exploiter quand la responsabilité vous revient de dire non au moment opportun, si cela ne vous convient guère.

Tout comme votre voiture, c'est votre jauge d'énergie qui fait défaut; à VOUS de la réparer. Pour y arriver, vous devez demeurer conscient de vos baisses d'énergie. En faisant cela, vous sentirez à quel moment vous pouvez dire oui et à quel moment vous devez dire non. Les autres vous respecteront si vous vous respectez vous-même. Si dès le départ vous ne respectez pas vos limites, pourquoi les autres le feraient-ils? Certains sont de réels profiteurs mais ils sont rares. La plupart des gens ne font que se servir de ce que vous leur offrez si généreusement.

Apprendre à dire non peut épargner de mauvaises surprises à bien des gens

J'ai déjà connu une personne qui avait extrêmement besoin de l'approbation des autres. Elle était très gentille et très serviable. Elle recherchait ma compagnie, me rendait énormément de services et je le lui rendais bien. Nous sommes devenues amies. Dans une relation d'amitié, on donne et on reçoit. Tout va bien jusqu'au jour où on sent un déséquilibre.

Par contre, cette personne en général si empressée, me faisait des crises de colère surprenantes. Ces crises étaient totalement imprévisibles et je les trouvais injustes. Dans ces moments, elle m'accusait de vouloir la contrôler et me disait que je l'utilisais. Lors de sa première crise, je suis restée saisie par ses remarques et je n'ai rien trouvé à répondre. Je ne suis pas quelqu'un de nature agressive, aussi ai-je accueilli ses accusations de façon perplexe et me suis-je sentie coupable. Après tout, j'avais peut-être abusé de sa gentillesse sans le vouloir et peut-être ne trouvait-elle plus son compte dans notre relation.

J'aime entretenir des relations gagnant-gagnant autant avec mes amis, mes clients que mes collaborateurs. Ainsi, ces accusations d'être une profiteuse me remettaient drôlement en question et je lui ai expliqué que je n'avais nullement l'intention d'abuser de qui que ce soit. Mais ses remarques m'ont intriguée et je me suis mise à observer la situation. Quelque chose m'échappait. Un peu plus tard, cette amie me rendit encore plusieurs services et je trouvais même qu'elle en faisait trop. Je lui en fis la remarque, mais elle me rétorqua aussitôt: «*Non, non, ça me fait plaisir*».

Coup de théâtre, voilà que le lendemain elle me pique une nouvelle crise, m'accusant de manquer de reconnaissance et de ne pas vouloir lui rendre la pareille. Mais cette fois-là, je n'ai pas accepté ses accusations puisque j'avais pris soin de lui dire d'arrêter de se dépenser de la sorte. Elle avait choisi de continuer, c'était donc SON choix. Par conséquent, je n'acceptais pas l'étiquette de profiteuse qu'elle essayait de me coller. J'avais enfin découvert le subterfuge.

Dire non quand on a encore de l'énergie change bien des choses

Il est donc très important de rester en contact avec son énergie afin de mieux sentir ce qui se passe. En faisant cela, vous pouvez commencer à dire non avant que votre réserve d'énergie ne soit complètement à sec et vous permettre ainsi d'aborder la situation avec calme. Vous avez alors assez d'énergie et de patience pour comprendre ce qui se passe chez l'autre personne et vous pouvez ainsi mieux expliquer votre point de vue. Cela peut éviter bien des conflits.

Au fond, si vous attendez d'être complètement vidé pour dire non, vous aurez du mal à le dire calmement et à justifier pourquoi. C'est à ce moment-là que vos paroles peuvent devenir accusatrices et engendrer une dispute. Apprenez à dire non au bon moment et vous esquiverez bien des problèmes. Abstenez-vous d'aller au-delà de votre énergie, prenez conscience de vos limites et arrêtez-vous avant d'être à plat, vous épargnerez ainsi de bien mauvaises surprises aux autres ainsi qu'à vous-même.

Peur de dire non, peur d'être rationné en énergie

En étant hyper gentilles, les personnes qui ont du mal à dire non reçoivent ou espèrent recevoir en retour attention, reconnaissance ou amour. C'est par crainte de ne plus obtenir ces formes d'énergie et ces marques de reconnaissance qu'elles hésitent à dire non. Si tel est votre cas, vous avez simplement peur de couper le boyau d'alimentation d'énergie. Vous croyez inconsciemment que vous ne serez plus capable de vous procurer de l'énergie par vous-même et vous craignez de ne plus vous sentir exister sans l'énergie de l'autre.

Nous sommes tous un peu dépendants les uns des autres, mais certains le sont plus que d'autres. Une personne très dépendante des autres est limitée dans le choix de ses activités et l'est également dans le choix de ses amis. Elle développe souvent une fixation et une dépendance excessive face à une personne spécifique croyant que seule cette personne peut lui procurer l'attention dont elle a besoin. C'est pourquoi elle a très peur de dire non, de crainte d'être privée de cette alimentation en énergie.

Pour mieux vous situer par rapport à cela, prenez conscience de tout ce qu'il vous en coûte en gentillesse et en énergie pour recevoir un peu d'attention et de reconnaissance – et voyez si vous êtes d'accord de débourser ce prix. Si vous n'avez que très peu de plaisirs dans votre vie, vous êtes également très dépendant de ces quelques plaisirs.

C'est pourquoi certains s'accrochent à des plaisirs parfois destructeurs ou à des personnes incapables de leur donner l'affection qu'elles recherchent, se satisfaisant de relations amoureuses ou amicales très négatives, voire même destructrices; pour quelques miettes de plaisir, elles sont prêtes à payer très cher car elles n'ont guère d'autres sources d'approvisionnement en plaisirs.

Avant l'invention de l'automobile et l'arrivée des marchés de grandes surfaces, les gens achetaient chez l'épicier du coin. Comme ils ne pouvaient pas se déplacer facilement, leur choix était limité. Ce marchand pouvait donc faire la pluie et le beau temps et vendre ses produits à des prix exorbitants s'il le voulait.

Mais quand les consommateurs ont pu choisir d'autres sources d'approvisionnement à de meilleurs prix, ils n'ont pas hésité et sont allés acheter ailleurs. C'est la même chose pour votre énergie et vos plaisirs. Cessez de vous comporter comme s'il y avait une récession de plaisirs, la récession n'existe que dans votre tête. Apprenez à trouver d'autres «fournisseurs» de plaisirs.

Les femmes ont plus de difficulté à dire non que les hommes

Dans mes séminaires, les hommes réagissent souvent mal à l'idée de la fuite, mais les femmes, elles, sont sur le qui-vive quand je leur propose d'apprendre à dire non. Elles semblent trouver cela impossible à faire. En général, les femmes ont un plus grand désir d'amour et d'affection que les hommes. Elles éprouvent par conséquent plus de difficulté à se soustraire à un déplaisir quand un lien émotif est en jeu, car elles se laissent souvent piéger par cette attache.

Par crainte de déplaire et de perdre l'affection ou l'estime des autres, plusieurs femmes n'osent pas dire non à leurs enfants, à leur conjoint, à leur belle-famille, à leur patron, à leurs collègues ou à leurs employés, même quand elles sont à bout. C'est le syndrome Mère Teresa! Elles prennent tout sur leurs épaules. Candidates à la fatigue chronique, elles sont souvent coincées entre le travail et la maison.

On le voit bien, les hommes comme les femmes ont acquis des façons différentes de faire face ou non à leurs responsabilités : les hommes ne se donnent pas la permission consciente de fuir et les femmes ne s'accordent pas le droit de dire non. Le résultat est cependant le même, ils sont épuisés.

Quoi que vous fassiez, il y a de fortes chances que 50 % des gens ne soient pas d'accord

Quand je suggère aux gens de se faire davantage plaisir, ils me répondent qu'ils n'en ont pas le temps. Tellement pris par leurs obligations face aux autres, il ne leur reste plus de temps pour eux. Depuis des années vous vous ingéniez à plaire à tout le monde. Vous courez à droite et à gauche pour faire plaisir à chacun. Vous dites oui, même si vous devez déployer beaucoup d'énergie, persuadé de répondre ainsi aux attentes des autres. Vous recherchez l'approbation des autres, vous voulez être accepté.

Aussi serez-vous déçu d'apprendre qu'il est pratiquement impossible d'être approuvé par la majorité des gens ; chacun ayant sa vision personnelle des choses et ses propres intérêts. Malgré tous vos efforts, et quoi que vous fassiez, il y a de fortes chances que 50 % des gens vous approuvent et que 50 % des autres vous désapprouvent. Alors arrêtez de vous épuiser à essayer de plaire à tout le monde et faites comme bon vous semble.

SUGGESTIONS POUR VOUS AIDER À DIRE NON

Cessez de croire que «NON» est un mot obscène!

Vos parents vous ont peut-être appris qu'il valait mieux dire oui et ne pas désobéir. Cela vous semblait vrai à l'époque, mais la vie a changé et vous êtes adulte maintenant. Cessez de croire que NON est un vilain mot et qu'en disant toujours oui vous serez plus apprécié.

Quand vous dites oui par peur de déplaire, le message que vous communiquez aux autres est: *«Vous êtes tous plus importants à mes yeux que moi-même. Alors, marchez-moi dessus et je vais être content, peut-être même vais-je en redemander...»* Cependant, ne vous surprenez pas par la suite d'être sans cesse fatigué, malade, et de constater que certaines personnes ne vous respectent pas.

Plaire aux autres plus qu'à soi-même peut occasionner de graves maladies, car nous avons tous des désirs à assouvir et nos désirs sont de l'énergie. Quand nos désirs ne sont pas satisfaits, cette énergie reste emprisonnée en nous et peut devenir toxique. C'est cette énergie comprimée et nocive qui peut se transformer en maladies parfois très graves, tel le cancer. Les désirs inassouvis agissent comme des agents corrosifs et nous minent véritablement de l'intérieur.

Quand vous hésitez à dire non, demandez-vous qui sera là au terme de votre vie pour faire votre bilan, les autres ou vous? Avant de pousser votre dernier soupir, aimeriez-vous vous dire: *«Je n'ai pas fait ceci parce que les autres m'en ont empêché»*, *«Je ne suis jamais allé à cet endroit parce que les autres ne voulaient pas»*, *«Je n'ai jamais eu le temps de faire de la peinture parce que mes enfants me prenaient tout mon temps»*, etc.

Est-ce cela que vous voulez? De telles réactions sont des comportements de victime. Personne d'autre que vous-même ne peut faire votre bonheur, et votre bonheur passe nécessairement par un sain équilibre entre la satisfaction de vos besoins et de ceux des autres. Si vous ne prenez pas soin de vous-même, qui d'autre le fera?

Écoutez la demande de l'autre et dites non calmement, sans vous fâcher et sans donner trop d'explications

Vous pouvez très bien dire NON sans blesser votre interlocuteur et sans rompre votre relation avec lui. Si vous prenez l'habitude de dire non avant d'être à bout d'énergie, vous pourrez écouter attentivement sa demande et lui dire simplement que cela ne vous convient pas. Quand quelqu'un vous demande quelque chose, écoutez sa requête et si vous ne pouvez y donner suite, par manque d'intérêt ou faute de temps, dites simplement non. Ne donnez pas trop d'explications, vous n'avez pas à vous justifier de midi à quatorze heures, ni à vous excuser.

Si la personne insiste, utilisez la technique du disque rayé: répétez que cela ne vous convient pas. Répétez-le plusieurs fois calmement et elle finira probablement par comprendre. Ce sera d'ailleurs un bon test pour la continuité de votre relation. Observez bien son comportement, insiste-t-elle un peu ou beaucoup? Est-elle sensible à vos arguments ou essaie-t-elle de vous soutirer un oui sans grands égards pour vos besoins? Si vous parvenez à dire non pendant un certain temps, vous pourrez ainsi distinguer les gens qui vous aiment vraiment de ceux qui vous apprécient seulement pour les services que vous leur rendez.

Si en écoutant ses arguments vous constatez que vous aimeriez aider cette personne, vous pouvez toujours vous enquérir de l'urgence de la situation et négocier le délai nécessaire pour satisfaire à ses attentes. Voyez alors comment vous pourriez vous organiser pour lui donner un coup de main, tout en tenant compte de vos réserves d'énergie. Parfois, cela ne cadrera pas avec votre horaire de lui accorder du temps à 17 heures, mais si cela peut attendre à 20 heures, alors là vous pouvez aider. Apprenez aussi à dire des «oui» partiels comme: *«Je ne peux t'aider à déménager toute la journée, mais je peux y participer de 13 heures à 17 heures.»*

Ne vous attendez pas à ce qu'ils soient contents

Si les gens sont habitués à vous voir toujours serviable et disponible, il est normal qu'ils y aient pris goût et qu'ils s'attendent à ce que vous continuiez de manifester la même disponibilité. Vous êtes offusqué de constater qu'ils vous tiennent pour acquis, comme si vous étiez exclusivement à leur service? Ne les blâmez pas, l'être humain est ainsi fait, il s'habitue aux plaisirs. Ne vous attendez donc pas à ce que les gens applaudissent et acceptent facilement votre nouveau comportement, car vous les privez de plaisirs.

Prévoyez plutôt qu'ils seront surpris de ce changement et qu'ils chercheront à vous intimider, voire même à vous manipuler. Ils opposeront une certaine résistance, car votre nouvelle ligne de conduite les force à utiliser leur propre énergie pour obtenir ce qu'ils veulent ou à se trouver quelqu'un d'autre pour les aider.

Ce sera une négociation d'énergie et vous aurez bien de la chance si votre entourage comprend et respecte votre décision du premier coup, mais de façon générale, les réactions seront plus ou moins agréables au début. Chose certaine cependant, en disant non, vous travaillez à votre bonheur et vous contribuez par le fait même à assainir vos relations.

Prenez conscience des moments où vous avez dit oui, alors que vous aviez envie de dire non

Vous est-il déjà arrivé d'accepter quelque chose et de le regretter par la suite? Cessez de gaspiller votre temps et votre énergie à vous taper sur la tête pour avoir dit oui, et restez plutôt attentif à votre frustration. Pendant que vous vivez ce déplaisir, restez bien conscient des choses désagréables que vous auriez pu vous éviter si vous aviez dit non. Ressentez bien cette insatisfaction qui vous habite, sans blâmer qui que ce soit, et décidez que la prochaine fois ce sera NON.

Pour vous y aider, visualisez-vous au téléphone ou en présence de l'autre personne qui vous demande quelque chose et que vous lui répondez non poliment mais fermement. Dites simplement que cela ne vous convient pas et répétez-le jusqu'à ce qu'on vous comprenne. Vous visualiser de la sorte vous aidera énormément à ancrer votre nouveau comportement. Cette technique créera une sorte d'automatisme dans votre subconscient qui se mettra en branle dès qu'une prochaine situation se présentera.

Revenez sur votre décision si vous avez dit oui trop vite

Si vous avez dit oui trop vite, accordez-vous la permission de revenir sur votre décision. Défaites le piège avant qu'il ne soit trop tard. Vous trouverez sans doute difficile de reprendre votre parole, mais dites-vous que vous êtes en période d'apprentissage et qu'il vaut mieux réparer votre erreur sans attendre pour limiter les dégâts. Si vous revenez sur votre décision à quelques reprises, cela habituera petit à petit les gens à ne plus compter sur vous automatiquement.

Et si vous avez fini par céder sous l'insistance acharnée de l'autre personne, décommandez-vous à quelques reprises, elle finira bien par comprendre que les données sont différentes maintenant. Bien entendu, tant et aussi longtemps que vous comblerez toutes les attentes des gens, ils exagéreront et vous en demanderont plus. La seule façon de leur faire comprendre que vous avez changé – et que dorénavant vous ne vous laisserez plus manipuler de la sorte – est de NE PAS leur donner ce qu'ils veulent si cela ne vous convient pas.

Mentez même s'il le faut!

Je sais que cela vous fait sursauter mais si vous éprouvez vraiment beaucoup de difficulté à dire non et que vous vous laissez piéger sans cesse par les arguments des autres, il faut vous protéger. Il arrive parfois qu'une béquille soit nécessaire pour accélérer la guérison d'une blessure. En ce qui vous concerne, vous donner la permission de mentir constitue en quelque sorte une béquille pour vous apprendre à vous tenir sur vos deux pieds. C'est d'ailleurs ce même moyen qu'une psychologue m'a suggéré à l'époque où je ne savais pas me défendre contre les intrusions des gens.

En effet, à cette période de ma vie, je crois que si quelqu'un m'avait demandé la couleur de ma petite culotte, je la lui aurais sans doute dite, convaincue qu'il me fallait être franche et loyale envers les gens, même si cela m'occasionnait toutes sortes de problèmes. Comme vous, j'ai été surprise par ce conseil qui allait à l'encontre de mes principes, mais je dois dire que cela m'a grandement aidée à renforcer mes défenses et à me faire respecter davantage.

En fait, ce que je vous suggère, c'est de faire de pieux mensonges, ou encore de petits «mensonges par omission», où vous ne dites pas tout, qui ne causent de tort à personne, mais qui peuvent vous éviter de tomber dans des pièges. Par exemple, quelqu'un vous demande de l'accompagner pour une sortie dont vous n'avez pas envie, vous pourriez dire tout simplement : «*Non, je regrette mais je suis occupé*» ou «*Non, c'est impossible, j'ai déjà un autre rendez-vous*».

Pour vous rendre le «délit» plus facile, essayez d'inclure dans votre réponse un élément de vérité. Par exemple, si vous aviez accepté un rendez-vous et que vous préférez rester à la maison à regarder une émission de télévision, vous pourriez dire : *«Je ne peux plus y aller car j'ai un empêchement»*, l'empêchement étant votre émission de télévision préférée. En ne disant pas *toute* la vérité, vous vous protégez mais sans trop avoir l'impression de mentir.

Sachez dire non, les autres vous respecteront davantage

Même si mentir peut vous sembler déloyal, ce qui importe pour le moment n'est pas d'être vertueux mais de protéger votre énergie. Vous devez la préserver à tout prix. Et si vous n'apprenez pas à le faire, trouverez-vous plus «édifiant» d'entrer dans une colère noire contre l'un de vos proches parce que vous serez à bout de nerfs ? Souvenez-vous : toute chose entraîne des conséquences. Prenez cette décision disons «d'arranger quelque peu la vérité à votre avantage», afin de vous protéger pendant votre période de «rétablissement».

Plus tard, quand vous serez plus fort et plus sûr de vous, vous saurez dire non, sans mentir, et les gens respecteront votre décision, car vous vous sentirez pleinement le droit de combler vos besoins avant de satisfaire ceux des autres. Mais en attendant, prenez l'habitude d'être plus loyal vis-à-vis vous-même que vous ne l'êtes envers les autres. Et savez-vous quoi ? Contrairement à votre crainte, à la longue les gens vous respecteront et vous apprécieront davantage. On apprécie peu quelque chose que l'on tient pour acquis.

Chapitre VI

Agissez pour changer la situation

P our rendre un déplaisir moins insupportable, vous devrez vous employer à modifier la situation afin que ce déplaisir vous prenne le moins d'énergie possible. Pour cela, deux possibilités : changer les composantes de la situation ou encore voir les choses sous un angle différent.

Puisque vous n'êtes pas une victime, vous devez maintenant démontrer que vous êtes un gagnant et que vous avez beaucoup de ressources. Devenez donc plus créatif que jamais pour trouver des moyens de rendre ce déplaisir moins désagréable. «Jouez» à changer cette situation et à devenir plus intelligent que celle-ci.

La créativité, pour rendre un déplaisir plus supportable

Il y a de cela plusieurs années, j'ai eu la bonne idée de m'inscrire à des cours de créativité. Cela a changé ma vie. Contrairement à ce que plusieurs croient, la créativité n'est pas réservée exclusivement aux artistes ou à quelques rares élus. La créativité est en chacun de nous sauf que certains ne l'ont pas encore découverte et c'est peut-être votre cas.

Pourquoi faire appel à la créativité pour rendre un déplaisir moins désagréable ? Devant un problème, celui qui n'a pas encore développé sa créativité ne verra qu'une ou deux solutions possibles. Comme il les a probablement déjà essayées et que cela n'a pas marché, il en conclut qu'il n'existe aucune issue. De là, le découragement et le sentiment d'être victime.

Par contre, une personne créative ne s'arrêtera pas à ces deux idées habituelles, elle continuera de chercher en se donnant la permission d'explorer différentes avenues. Toutes les idées ne seront pas prometteuses à première vue et certaines pourront même sembler complètement stupides ou farfelues. Mais le but d'une personne créative n'est pas de trouver LA bonne idée tout de suite, mais bien de produire une grande quantité d'idées. Elle se réserve pour plus tard le moment de les analyser. Elle sait que ce n'est pas parce qu'une idée est émise qu'elle doit la choisir et la mettre en application.

Quand vous allez dans un magasin, ce n'est pas parce qu'une foule de produits vous est offerte que vous devez tous les acheter, mais c'est agréable d'avoir tout ce choix. Pour les idées, c'est pareil. Un être créatif «joue» avec les idées. Il se détache de la situation, s'en éloigne un peu, la regarde sous un autre angle et, tout à coup, bingo, voilà la solution.

C'est ainsi qu'il découvre parfois l'idée parfaite pour la situation, une idée à laquelle personne n'avait pensé. Pourquoi cette idée géniale est-elle apparue? C'est que notre personne créative a pris du recul et s'est donné la permission de regarder la situation sous un angle différent. Elle a accepté de vivre l'inconfort d'une certaine période d'ambiguïté avant d'être récompensée par la bonne idée.

S'éloigner pour mieux trouver

Vous est-il déjà arrivé de partir en vacances en laissant derrière vous un problème qui vous semblait insoluble et qu'en marchant sur le sable la solution vous apparaisse soudain claire et limpide? Elle est d'une telle clarté que vous vous demandez pourquoi vous n'y avez pas pensé auparavant. Vous n'y avez pas pensé tout simplement parce que vous aviez le nez collé sur l'arbre. De votre position, vous ne pouviez voir l'ensemble du paysage ni le sentier qui était juste à côté.

Devenir plus créatif pour solutionner un problème peut grandement améliorer votre vie et vous rendre plus heureux. En étant plus créatif, vous ne vous sentirez plus jamais pris au piège et obligé de choisir la première solution qui se présentera à votre esprit. Vous saurez que vous avez d'autres ressources et qu'il suffit de chercher un peu. Pour vous aider à devenir plus créatif et augmenter votre capacité de résoudre vos problèmes, voici les étapes de la recherche de solutions créatives que j'utilise:

1. Analyser le problème et identifier la cause de ce problème;
2. Émettre des idées de solution en vrac, sans les juger ni les évaluer (osez le ridicule et le farfelu);
3. Évaluer ces idées et en choisir une à mettre en application;
4. Se faire un mini plan d'action;
5. Agir;
6. Évaluer... et recommencer avec une autre idée si la première n'a pas donné les résultats escomptés ou encore améliorer l'idée initiale.

Une vidéo, deux bouteilles de vin, un gâteau au chocolat

Essayons maintenant de changer la situation de l'invitation à dîner peu appréciée, dont nous avons parlé au chapitre IV, et de rendre cette situation moins désagréable. Voici 10 idées qui pourraient faire de ce déplaisir un événement moins pénible et vous prendre moins d'énergie.

Vous pourriez:

1. Obtenir que votre conjoint fasse le ménage ce week-end;
2. Faire une sieste dans l'après-midi;
3. Apporter votre gâteau au chocolat préféré;
4. Vous y présenter en tenue très décontractée;
5. Avertir vos hôtes que vous arriverez un peu plus tard et que vous devrez quitter à 22 heures;
6. Ne pas faire de repas du midi et vous le faire livrer d'un restaurant;
7. Apporter une vidéo;
8. Apporter deux bouteilles de vin plutôt qu'une...;
9. Ne pas faire le ménage cette semaine;
10. Obtenir que votre conjoint vous serve le petit-déjeuner au lit le lendemain.

De ces idées, certaines sont des compensations que vous pourriez obtenir de votre conjoint, d'autres éliminent ou réduisent un déplaisir et quelques-unes d'entre elles ajouteront à votre énergie. Si votre conjoint s'occupe du ménage pendant que vous faites une petite sieste dans l'après-midi, votre énergie s'en portera mieux. Si vous avertissez vos hôtes que vous devrez arriver plus tard et quitter plus tôt, cela limitera votre fatigue. Ne pas avoir à vous vêtir de façon trop guindée pour cette soirée peut aussi réduire votre dépense d'énergie.

Par contre, vous commander un repas du midi d'un restaurant que vous appréciez, apporter une vidéo, deux bouteilles de vin plutôt qu'une, ou votre gâteau au chocolat préféré, ces petites douceurs peuvent augmenter votre plaisir et accroître votre énergie. Si l'idée d'apporter un film peut vous sembler farfelue, n'avez-vous pas remarqué que beaucoup de gens veulent ÊTRE avec vous, mais sans nécessairement avoir le goût d'échanger toute une soirée entière?

Dans ce cas, un film vidéo peut faire la joie de tous, ainsi que ce délicieux gâteau au chocolat que vous prendrez chez votre traiteur en passant. D'ailleurs, juste à y penser, vous salivez déjà. Ainsi, votre soirée sera peut-être plus alléchante et peut-être réussirez-vous à garder le sourire.

Tolérer l'inconfort de l'ambiguïté

Le plus difficile quand on commence à exercer sa créativité est d'émettre des idées sans les juger ni les évaluer. Nous sommes tous portés à rejeter des idées trop vite, nous privant ainsi d'excellentes pistes qui pourraient nous mener loin. À l'occasion, certains courtiers du domaine de la haute finance sollicitent mes services professionnels pour que je les aide à élaborer une stratégie de marketing personnalisée afin de développer leur clientèle.

Dans ces circonstances, j'utilise les étapes de la recherche de solutions créatives que je viens d'énumérer. Nous listons d'abord toutes les idées de marketing qui nous viennent à l'esprit et nous évaluons ensuite lesquelles seraient les plus efficaces et les moins coûteuses en temps et en argent.

Parmi mes clients actuels, il y en a un notamment qui me fait hurler de rire. Chaque fois que je propose une idée, il la prend tellement au sérieux qu'il va de l'avant tête baissée, comme s'il s'agissait d'une commande à remplir. De plus, il le fait avec une telle intensité qu'on dirait un chien auquel j'aurais lancé un os et qui ne le lâcherait plus. J'ai beau lui dire que cette idée ne sera pas nécessairement retenue et mise en pratique, qu'il est inutile pour le moment de se mettre à la travailler, rien à faire. Cette façon de penser est totalement nouvelle pour lui et il trouve difficile de laisser passer une idée sans s'y attarder, mais peu à peu il y arrive.

Ce client n'est pourtant pas le seul à réagir ainsi, je faisais la même chose avant de développer ma créativité. S'il nous est difficile d'émettre des idées imparfaites au départ, c'est que nous avons été habitués à être blâmés et ridiculisés pour nos maladresses. C'est pourquoi nous ne nous accordons plus le droit à l'erreur par peur, entre autres, qu'on se moque de nous.

Quand nous travaillons avec la créativité et qu'une idée est suggérée, s'ensuit toujours une période plus ambiguë et quelque peu inconfortable. Certains sont incapables de supporter cet inconfort, voulant savoir sur-le-champ sur quoi ils vont travailler et si cela va fonctionner. Mais cette impatience peut vous coûter cher et vous priver d'idées très valables.

En effet, certaines idées qui semblent imparfaites ou incomplètes au point de départ peuvent pourtant donner d'excellents résultats si nous les élaborons le moindrement. Les gens qui travaillent avec les chiffres et ceux qui se considèrent comme des personnes sérieuses ont souvent beaucoup de mal à laisser libre cours à leur créativité. Pour eux, le tout est important et ces gens éprouvent de la difficulté à jongler avec des idées inachevées.

Toutefois, la créativité appliquée à la recherche de solutions concrètes est très avantageuse. Elle peut nous faire découvrir une grande quantité d'idées et augmenter ainsi notre liberté de choix. Si vous produisez d'abord une multitude de pistes de solutions, vous ressentirez ce plaisir d'avoir le choix et de pouvoir retenir la meilleure idée. Par la suite, vous pourriez même en essayer une autre si la première ne fonctionne pas.

Dix façons créatives de réagir à un déplaisir

Pour vous aider à mieux comprendre comment la créativité peut vous aider à diminuer un déplaisir, voici un autre exemple. Mise en situation: Votre patron vous annonce que vous êtes muté dans un autre service que vous n'aimez guère. Voici 10 réactions que vous pourriez avoir (souvenez-vous, les idées irréalistes ou farfelues sont les bienvenues):

1. Lui faire une colère;
2. Vous mettre à pleurer;
3. Le convaincre de revenir sur sa décision;
4. L'embrasser;
5. Plier bagage immédiatement;
6. Remettre votre démission;
7. Prendre des vacances;
8. Faire la fête avec vos anciens collègues;
9. Entrer en contact avec votre nouveau patron;
10. Faire une dépression.

Parmi ces idées, je suis certaine que vous en avez rejeté certaines d'emblée mais que d'autres ne vous ont pas semblé si bêtes. Pourquoi pas? C'est là toute la richesse de cette stratégie. Quand vous faites face à un déplaisir que vous avez *choisi* de ne pas fuir, jouez à lister au moins 10 idées pour rendre ce déplaisir moins désagréable. N'arrêtez pas de chercher tant que vous n'en avez pas 10 et permettez-vous d'être fantaisiste puisque personne ne vous obligera à mettre toutes ces idées en pratique. Après quelques semaines seulement, votre cerveau créateur sera devenu plus «élastique» et il vous fera des surprises rigolotes, vous verrez. En plus, le simple fait de penser à ces idées originales vous aidera à dédramatiser la situation.

Comment notre leader peut-il faire de son entretien un moment moins désagréable?

En ce qui concerne le leader qui a choisi de faire une remarque à son employée même si cela lui est désagréable, il pourrait décider d'envisager cette situation comme une bonne occasion d'exercer son courage et de développer ses habiletés de leadership. Il peut aussi décider d'utiliser cette rencontre pour resserrer ses liens avec son employée. En lui parlant sans tarder, il peut lui témoigner l'estime qu'il a pour elle en lui expliquant qu'il a choisi de l'aviser maintenant, non seulement pour éviter que d'autres erreurs ne se répètent mais aussi pour la préserver de l'irritation de ses collègues.

En général, quand une rétroaction est faite avec empathie et objectivité, la personne la reçoit de façon constructive dans l'intérêt de l'entreprise et pour son rendement professionnel.

Par contre, il se peut que ce leader ait très peu d'habiletés pour faire une remarque et ses dernières tentatives ayant tourné à la catastrophe, sans même produire les résultats escomptés, ont envenimé sa relation avec son employée. Ce cadre pourrait changer cette situation en devenant plus compétent dans ses habiletés de communication et en demandant à sa société de l'inscrire à des cours de leadership où il apprendra l'art de faire des rétroactions productives.

Se rendre une tâche moins pénible

Prenons un autre exemple issu du monde du travail. Votre patron vient de vous assigner une tâche qui ne vous plaît absolument pas et vous êtes en rogne. Vous pourriez tenter de fuir ce déplaisir en vous mettant en colère et en lui faisant une scène. Cependant, cette solution comporte certains risques, aussi vous ravisez-vous et choisissez-vous d'exécuter la tâche en question.

Pourquoi ne tenteriez-vous pas de négocier les modalités de ce changement avec votre patron ? Tout n'est peut-être pas perdu. Vous avez peut-être des chances qu'il accepte de modifier soit l'horaire ou l'endroit où vous aurez à faire cette tâche. Soyez créatif et essayez de trouver une solution, ayez le courage de tenter du moins de faire valoir votre idée. Quand vous n'avez pas vraiment choisi la situation, vous pouvez en général changer votre façon de la vivre et ces petites modifications suffisent parfois à la rendre beaucoup moins désagréable.

Un jour, une secrétaire qui participait à un de mes ateliers m'a raconté comment elle avait appliqué cette stratégie. À tour de rôle, les autres secrétaires et elle devaient remplacer la réceptionniste au moment de sa pause ou de son heure de repas. Cette tâche était incontournable, toutes les secrétaires sans exception, leur tour venu, étaient obligées de prendre place à la réception.

Lors de l'atelier en question, j'avais remis à chaque participant un petit objet sans grande valeur mais dont le but était de leur rappeler de se faire plaisir. Cette secrétaire a donc pris l'habitude d'apporter ce petit objet avec elle chaque fois qu'elle devait remplacer la réceptionniste. Ce petit plaisir lui rendait cette tâche moins désagréable et le temps lui paraissait ainsi moins long. Cette secrétaire remplace maintenant la réceptionniste le sourire aux lèvres. Vous trouvez peut-être cela enfantin, mais si ça fonctionne, n'est-ce pas ce qui compte?

Que diriez-vous de transformer la corvée du ménage en plaisir?

Personnellement, j'ai véritablement pris plaisir à faire mon ménage moi-même alors qu'il fut un temps où je détestais cela. Un jour que je perdis ma femme de ménage, je me suis surprise à prendre plaisir à faire mon ménage moi-même à cause de la bonne odeur d'un certain nettoyant que j'utilise. J'ai cessé depuis de chercher une femme de ménage et j'ai continué de faire moi-même mon ménage. Mon petit secret? Je multiplie mon plaisir en achetant toutes les différentes fragrances de cette marque de nettoyant. J'ai dans mes placards le jaune, le bleu, le blanc, l'orange, et le mauve. Et vous pouvez être assuré que si cette compagnie sort un nouveau parfum je vais l'essayer.

Un autre petit plaisir qui me rend la tâche agréable est que j'achète régulièrement les nouveaux gadgets pour faire le ménage qu'on annonce à la télé. Certains sont inefficaces il est vrai, mais d'autres sont de véritables petites merveilles. Toutes les publicités ne sont pas trompeuses et je peux vraiment en témoigner: on peut faire le ménage le sourire aux lèvres.

Avec les économies que je réalise, je pourrais m'offrir au moins deux nouveaux gadgets par semaine, si je le voulais. De plus, cela me fait faire un peu d'exercice et m'épargne le déplaisir qu'une étrangère entre chez moi deux fois par semaine. Veuillez excuser cette envolée lyrique pour le ménage, mais cette besogne est un tel déplaisir pour tant de gens que j'ai pensé que mes petits trucs pourraient vous être utiles. Toutefois, si je n'ai pas réussi à vous convaincre, j'espère du moins vous avoir fait sourire et je vous suggère de vous mettre immédiatement à la recherche d'une femme de ménage... ou d'un homme de ménage.

Devenir plus heureux au travail

Quelle ne fut pas ma stupéfaction l'autre jour de lire une statistique rapportant que 80 % des gens ne sont pas heureux au travail! C'est probablement ce qui explique ces têtes d'enterrement dans le métro et sur les ponts le matin. Si 80 % des gens sont malheureux au travail, aimer son travail constitue donc tout un privilège.

Alors pourquoi ne pas décider que cet avantage est pour vous? Pourquoi ne pas essayer de trouver un travail qui vous plaise avant de baisser les bras? Une telle transition entraînerait une baisse de vos revenus? Peut-être, mais être insatisfait de son travail vous coûte également très cher. Premièrement en journées de maladie et en médicaments et aussi en carte de crédit.

Vous ne voyez pas où je veux en venir? Regardez bien le dernier état de compte de votre carte de crédit et analysez chaque facture. Dans quelle proportion y a-t-il eu des achats impulsifs destinés à vous remonter le moral et à soutenir votre énergie pour faire face à vos frustrations au travail?

Vous n'avez pas idée de tout l'argent que vous dépensez en petites choses inutiles, juste pour vous maintenir le moral à flot. Si le solde de votre carte de crédit vous donne des cauchemars, demandez-vous s'il n'est pas plus valable d'essayer de trouver un travail qui réponde mieux à vos attentes et qui vous permette d'exploiter davantage vos talents.

Vous n'avez pas les compétences qu'il faut pour vous diriger dans le domaine qui vous intéresse? Les départements d'éducation aux adultes, les collèges et les universités se tuent à vous concocter des programmes de toutes sortes et à vous les offrir aux moments les plus flexibles. Il existe même de la formation à distance par correspondance ou avec enseignement télévisé sur les chaînes spécialisées. Et ne dites pas que vous ne POUVEZ pas, cela sonne victime et vous n'êtes plus une victime.

Oui, il vous en coûtera temps, argent et énergie pour changer de travail mais ne pas être heureux dans votre emploi vous coûtera beaucoup plus. Alors, faites un petit effort si vraiment vous rêvez d'autre chose. Et si vous ne savez pas dans quel domaine vous aimeriez aller, une foule de professionnels en réorientation ou en transition de carrière n'attendent que votre appel. Le problème c'est qu'ils n'ont pas votre numéro de téléphone, vous devrez donc leur téléphoner vous-même.

Apprendre à aimer un travail peu emballant

C'est bien beau de penser changer de travail, mais vous vivez peut-être une situation difficile. En fait, vos responsabilités familiales sont peut-être si lourdes à porter ou vous disposez de si peu d'énergie que vous ne pouvez absolument pas envisager changer d'emploi pour le moment. Il ne vous reste alors plus qu'à apprendre à aimer votre travail actuel.

Voyons ce qui vous déplaît dans votre travail. Est-ce la tâche elle-même, l'emplacement de l'entreprise, votre patron, vos collègues, votre bureau, le salaire, qu'est-ce que vous n'aimez vraiment pas? Faites une liste de vos déplaisirs en les regroupant par catégories: les gens, les conditions de travail, le lieu physique, la tâche, etc. Une fois cette liste dressée, demandez-vous maintenant de quelle façon vous pourriez diminuer l'impact de ce déplaisir.

En ce qui concerne votre lieu de votre travail, trouvez-vous les temps de déplacement trop longs et fatigants? Vos heures de repas vous semblent-elles interminables et monotones? Déterminez chaque facteur qui vous déplaît et trouvez pour chacun au moins une façon d'y greffer un petit plaisir pour le rendre plus tolérable.

Certaines personnes vous occasionnent-elles des déplaisirs que vous pourriez éviter ou devriez-vous limiter vos relations avec

elle? D'autre part, y a-t-il des gens que vous appréciez plus particulièrement et avec lesquels vous pourriez entrer en contact? Côté
tâche maintenant, pourquoi ne l'aimez-vous pas? La trouvez-vous
trop difficile à exécuter et vous sentez-vous constamment incompétent?

Si c'est le cas, envisagez de suivre un programme de perfec-
tionnement ou demandez à un collègue, ou même à votre patron,
de vous aider à exceller dans ce travail. Si au contraire la tâche est
facile pour vous, peut-être la trouvez-vous trop monotone. Alors
ponctuez vos journées de petits plaisirs anodins à chaque heure et
vous verrez que le temps passera beaucoup plus vite. Mais de
grâce, décidez que vous allez apprendre à aimer ce travail. D'ici
quelque temps, vous pourriez avoir des surprises.

Pour apprendre à utiliser votre créativité afin de rendre un
déplaisir moins pénible, faites le prochain exercice et laissez-vous
aller à jouer avec les idées. Si vous éprouvez quelque difficulté,
faites l'exercice deux fois plutôt qu'une... vous verrez, un jour cela
viendra tout seul et les gens vous diront: «Mais d'où sors-tu cette
idée géniale?»

En développant ce nouveau réflexe de trouver 10 idées de solutions face à différentes situations, sans immédiatement juger
chaque idée, votre créativité se développera peu à peu et votre vie
changera. Jamais plus vous ne vous sentirez prisonnier d'une situation. Vous ingénier à rendre un déplaisir moins désagréable et
même transformer ce déplaisir en plaisir peut s'avérer fort profitable, comme ce fut mon cas pour le ménage. Et si vous n'êtes pas
aussi mordu que moi, du moins cette stratégie pourrait-elle vous
rendre certaines tâches ou situations difficiles plus supportables.
Essayez et vous verrez.

Mais, cette stratégie ne réussit pas chaque fois. Certains des
déplaisirs demeureront désagréables et vous aurez alors à refaire
un choix – fuir ou faire face – car il est toujours permis de revenir à
la case départ. Sinon, passez à la quatrième étape de la stratégie
au chapitre suivant: acceptez ce que vous ne pouvez pas changer.

Chapitre VII

Acceptez ce que vous ne pouvez pas changer

Si vous avez l'impression que vous capitulez bêtement en acceptant ce que vous ne pouvez pas changer, ne jugez pas trop vite. Cette étape peut s'avérer plus intéressante que vous ne le croyez. Votre but ici sera d'éviter de nouvelles pertes d'énergie.

Avez-vous déjà observé votre langage intérieur quand vous vous retrouvez dans une situation désagréable? Ne pensez-vous pas : *«Ah! que c'est ennuyant!»* – *«Si ça peut finir!»* – *«Pourquoi m'obligent-ils à subir cela?»* – *«Ils sont tellement stupides»* – *«Vraiment, j'aurais mieux à faire»*, etc. Vous vous impatientez et vous soupirez. En faisant cela, vous augmentez chaque fois un peu plus votre stress et vous perdez un peu plus d'énergie, ce qui est totalement improductif.

Puisque votre énergie est déjà à la baisse, il est important d'éviter d'en perdre davantage. Il faut stopper vos pertes d'énergie et arrêter de vous énerver. Pour cela, vous devrez apprendre à contrôler vos émotions, afin de demeurer plus neutre en quelque sorte. C'est ce que j'appelle se mettre en mode «canard». Que fait un canard sous la pluie? Il reste calme et laisse la pluie couler sur son dos puisqu'elle ne l'affecte pas. Alors, pour économiser votre énergie, imitez le canard et devenez imperméable au déplaisir en ne vous laissant pas affecter par celui-ci. La technique est très simple, il s'agit de débrancher vos émotions.

Débranchez vos émotions

Ce qui vous enlève de l'énergie par rapport à un déplaisir, ce sont les émotions que vous y rattachez. Quand vous vous répétez sans cesse une phrase négative et que vous soupirez, une émotion est nécessairement activée. Nos émotions sont en général situées dans la région du plexus solaire à proximité de l'estomac. Pour débrancher vos émotions, portez votre attention sur cette région et imaginez que deux fils s'y rejoignent, l'un venant du bas de votre corps, l'autre partant du haut, et que ces deux fils sont branchés ensemble.

Pour empêcher vos émotions de vous faire vivre une expérience négative, imaginez que vous déconnectez les deux fils. En faisant cela, vous ne couperez pas «le courant» automatiquement mais vous enlèverez du pouvoir à ces émotions négatives, ce qui vous permettra de demeurer plus neutre face à la situation. C'est ce qu'on appelle se *détacher* d'une situation. En imaginant que vous débranchez les deux fils, votre corps et votre tête fonctionnent désormais un peu indépendamment.

Votre corps continue de faire ce qu'il a affaire, comme s'il était sur le pilote automatique mais sans que vos émotions n'interviennent. Vous continuez de faire ce que vous faisiez auparavant à la différence que vous agissez un peu comme un robot, à la manière d'un automate programmé d'avance en quelque sorte.

Pour vous aider davantage, *faites le geste mentalement*, tirez sur le fil et débranchez vos émotions. Si malgré cela des sensations continuent de se manifester dans cette région du plexus solaire, faites le geste physiquement, si vous êtes seul. Cette technique s'effectue sans éclat, juste à l'intérieur de vous, et devrait être à peine perceptible aux autres. Vous ne vous retirez pas de la réunion à laquelle vous assistez, vous poursuivez votre travail comme avant, vous ne quittez pas la pièce dans laquelle vous vous trouvez, vous continuez comme si de rien n'était, à la différence que maintenant vous êtes détaché de la situation et avez cessé de vous vider de votre énergie.

En agissant ainsi, vous ressentirez graduellement un certain confort s'installer. Vous percevrez probablement que vos épaules et votre visage se détendent et que votre respiration se fait plus profonde. Vous serez plus reposé et vous penserez moins intensément, car vous aurez cessé de prendre toute la situation sur vos épaules.

Cependant, si vous utilisez cette technique alors que vous êtes sous l'effet de la colère ou aux prises avec une crise de panique, n'attendez pas des miracles instantanés de cette technique. Cette stratégie vous aidera grandement à maîtriser des situations difficiles mais apprendre à contrôler ses émotions ne s'apprend pas en criant ciseaux. Accordez-vous du temps, soyez un peu patient et persévérant, vous serez largement récompensé.

Cessez de «pousser» sur la situation

Les effets de ce retrait émotif sont fort intéressants. Même si vous vous retirez très discrètement, votre entourage percevra une légère différence dans votre comportement mais sans trop pouvoir identifier ni la source ni la nature de ce changement. Très subtilement votre visage auparavant inquiet, angoissé, en colère ou intéressé sera devenu plus neutre et légèrement distant. Ce détachement se fera sans encombre car vous aurez cessé de «pousser» sur la situation. Vous laisserez aller les choses, attitude qui exerce un très grand pouvoir sur les gens.

Quand quelque chose ne va pas comme nous le souhaitons, nous avons tendance à forcer la situation et nous faisons tout pour que les choses arrivent comme nous le voulons. C'est une excellente stratégie car souvent elle peut changer le cours de bien des choses et nous permettre d'atteindre certains objectifs, cependant il faut savoir quand arrêter de pousser. Vous ne pouvez pas vouloir pour les autres.

Vous ne pouvez prendre la responsabilité de leur vie sur vos épaules. À chacun sa part. Alors, quand vous voyez que rien n'y fait et que vous vous videz de votre énergie sans résultats concluants, cessez de forcer la situation car c'est peine perdue. C'est épuisant, inutile, et votre comportement peut même engendrer des conflits, parfois même encourager l'inertie.

Par ailleurs, quand vous vous mettez en mode «canard», vous vous laissez porter par la vague, vous laissez venir les choses. Vous faites confiance que ce qui arrivera sera pour le mieux et que les choses se mettront en place d'elles-mêmes. En faisant ainsi preuve de confiance, les gens de votre entourage ressentiront ce détachement et se mettront à réfléchir. Habitués à vous voir désirer tellement fort atteindre certains objectifs et avoir la situation bien en main, votre retrait les intriguera et les inquiétera même parfois; ce qui peut s'avérer bénéfique, car cela les portera à réfléchir.

Pour mieux comprendre cette stratégie, faisons l'analogie avec ce qui se passe parfois lors d'une négociation importante: sitôt qu'une des deux parties se montre moins intéressée, l'autre révise ses positions et fait une nouvelle proposition. Il en va de même pour les relations humaines. Quand les gens sentent que vous avez cessé de tout prendre sur vos épaules que vous vous retirez un peu, ils décident souvent d'assumer leurs responsabilités et d'agir en conséquences.

Évitez l'épuisement du leader

Je vois constamment des leaders s'épuiser à pousser ou à tirer sur leur équipe. Ils prennent tout sur leur dos et se demandent pourquoi cela ne fonctionne pas. Plusieurs me font part de leur découragement quant au peu d'engagement de leurs collaborateurs. Souvent, ils ne se rendent pas compte qu'ils bloquent eux-mêmes la situation exerçant trop de pression.

En vous retirant ainsi d'une situation, vous créez un espace énergétique et vous accordez ainsi plus de latitude aux autres. Si vous les laissez tranquilles pendant une certaine période, le temps de refaire votre énergie, vous pourriez avoir des surprises. Des choses que vous vouliez voir se produire depuis longtemps se feront peut-être facilement, pas toujours exactement comme vous le vouliez cependant, mais à leur façon. En fait, les autres ont peut-être simplement besoin que vous leur fassiez un peu plus confiance. Cela vaut la peine d'essayer, car il y a vraiment quelque chose de magique à être en mode «canard».

Bouder ne fait pas partie de la stratégie!

Permettez-moi de faire ici une mise au point importante: Bouder ne fait pas partie de la stratégie car dans la bouderie, il subsiste encore des émotions. La bouderie est un repli psychologique accompagné d'une certaine agressivité qui vise à culpabiliser l'autre personne et c'est nocif. Accepter ce qu'on ne peut changer et se détacher de ses émotions demande beaucoup de contrôle. C'est excellent pour ceux et celles qui ont la manie de vouloir tout contrôler, plutôt que d'essayer de contrôler les autres, contrôlez plutôt vos émotions...

Voyez la situation sous un angle différent

Quand une situation nous est désagréable, c'est que nous la jugeons comme telle. Une autre façon de modifier la situation serait de la voir sous un angle différent. Des pensées désagréables activent vos centres de déplaisir entraînant automatiquement une baisse d'énergie, alors, mieux vaut adopter un point de vue différent. Revenons à la situation où votre patron vous a assigné une tâche que vous détestez. Vous pouvez choisir d'envisager les choses sous un autre angle, par exemple de vous sentir privilégié par rapport à d'autres personnes d'avoir un travail qui vous permet de payer les études de vos enfants.

Vous pourriez aussi vous dire que votre situation pourrait être pire qu'elle ne l'est actuellement. Et si vous n'arrivez pas à vous convaincre, lisez les journaux et écoutez les informations, vous trouverez amplement de quoi vous consoler. Il ne s'agit pas de vous réjouir du malheur des autres, mais de regarder votre situation dans une autre perspective. Cela modifiera votre humeur et limitera votre perte d'énergie. Voyons ensemble deux exemples qui illustrent à quel point tout est relatif.

Première situation : Lettre d'une jeune fille à ses parents

Voici la lettre d'une jeune fille de 18 ans partie étudier à l'université à des milliers de kilomètres de chez elle et qui s'éloigne de sa famille pour la première fois.

Chère maman, cher papa,

Cela fait maintenant trois mois que je suis à l'université. J'ai mis beaucoup de temps avant de vous écrire et je suis désolée de vous avoir négligés. J'ai quelque chose à vous apprendre, mais avant de lire la suite, assoyez-vous. Ne poursuivez pas votre lecture tant que vous ne serez pas assis, d'accord ? Je vais plutôt bien à présent. La fracture et le traumatisme crânien que j'ai subis en sautant par la fenêtre de ma chambre en feu, peu après mon arrivée, sont désormais presque guéris.

Je n'ai passé que deux semaines à l'hôpital, et ma vue est redevenue presque normale. En plus, ces affreuses migraines ne reviennent plus qu'une seule fois par semaine maintenant. Heureusement, le caissier du dépanneur d'en face qui a tout vu et qui a prévenu les pompiers et appelé l'ambulance, est venu me voir à l'hôpital. Comme je ne savais pas où aller puisque mon appartement était réduit en cendres, il a eu la gentillesse de me proposer d'habiter chez lui.

En fait, c'est juste une chambre au sous-sol, mais c'est plutôt mignon. Il a deux fois mon âge, mais c'est un homme adorable. Nous sommes tombés follement amoureux l'un de l'autre et nous voulons nous marier. Nous n'avons pas encore choisi la date du mariage, mais ce sera avant que ma grossesse ne commence à être apparente.

Eh oui, chers parents, je serai bientôt mère! Je sais à quel point vous avez hâte de devenir grands-parents, et je suis certaine que vous manifesterez au bébé tout l'amour que vous m'avez témoigné quand j'étais petite.

La seule chose qui retarde notre union, c'est la petite infection que mon ami a attrapée et qui nous empêche de passer les analyses prénuptiales. De mon côté, je l'ai moi aussi bêtement contractée, mais tout va vite disparaître grâce aux injections de pénicilline que je reçois chaque jour.

Je sais que vous accueillerez mon copain à bras ouverts dans notre famille. Il est très gentil et, même s'il n'a pas fait d'études, il a beaucoup d'ambition. Même s'il n'est pas de la même race ni de la même religion que nous, je connais votre tolérance toujours réaffirmée, et je suis certaine que vous n'attacherez aucune importance au fait que sa peau soit d'une couleur différente de la nôtre.

Chose certaine, vous l'aimerez autant que moi — étant donné qu'il a à peu près votre âge — et je suis persuadée que vous vous entendrez à merveille et que vous vous amuserez beaucoup ensemble. Ses parents sont, eux aussi, des gens très bien; il paraît que son père est un célèbre mercenaire dans son pays.

Maintenant, je tiens à vous rassurer! Sachez que mon appartement n'est pas passé au feu. Je n'ai pas vécu de traumatisme ni de fracture du crâne, je ne suis pas allée à l'hôpital, je ne suis pas fiancée, je n'ai pas la syphilis, et il n'y a pas d'homme de race dans ma vie. C'est juste que j'ai eu 35 % en physique, 48 % en mathématiques et 13 % en biologie. J'ai voulu vous aider à relativiser les choses pour ne pas que vous vous inquiétiez pour des choses, somme toute, sans grande importance.

Je vous embrasse bien fort,

Votre fille bien-aimée,
Clarence

... Comment auriez-vous réagi si votre fille chérie vous avait écrit une missive semblable? Auriez-vous été catastrophé de son 35 % en physique après être passé par toutes les affres des émotions intenses en lisant le début de sa lettre? C'est dire combien tout est une question de perspective et, ce qui peut sembler dramatique à première vue, devient quelque peu banal regardé sous un angle différent. De la même façon, le point de vue que vous adopterez face à un déplaisir a le pouvoir de vous faire vivre soit l'enfer, soit le paradis. À vous de choisir.

Deuxième situation : Le métro, vendredi à 17 heures

C'est vendredi 17 heures. Vous venez de terminer une semaine très éprouvante au travail, tout est allé de travers. Vous êtes crevé et vous trouvez que la vie est vraiment injuste et difficile. De plus, votre voiture est en panne et vous devez prendre le métro. Il n'y a évidemment pas de place pour vous asseoir et vous êtes debout dans l'allée quand le métro démarre. Voilà qu'une espèce d'imbécile qui n'a pas su s'agripper chancelle, vous bouscule, vous écrase le pied et votre hanche heurte violemment le parapet de métal. Comble de malchance, pour ajouter à tout cela, il vous enfonce un coude dans les côtes...

Furieux, vous vous retournez, bien décidé à lui dire ses quatre vérités, mais en le voyant, vous constatez que c'est un aveugle qui a perdu pied. Oups! Que faites-vous? Êtes-vous toujours disposé à l'engueuler et à l'accabler d'injures ou l'aiderez-vous plutôt à se tenir fermement pour ne pas qu'il trébuche de nouveau ? Et quelle opinion entretenez-vous à son égard maintenant ? Pensez-vous toujours que c'est un «imbécile» ou n'éprouvez-vous pas au contraire une certaine admiration pour son courage, d'oser prendre le métro un vendredi à 17 heures malgré son handicap ?

Et qu'en est-il de votre pauvre petite situation de victime ? Trouvez-vous toujours que votre vie est terrible et injuste ? Probablement que non. Pourtant la situation et votre douleur sont exactement les mêmes. Vous avez toujours le pied en compote, votre hanche et vos côtes vous font souffrir, mais votre émotion, elle, est différente. Votre émotion a changé parce que votre *perception* de la situation s'est modifiée, transformant votre énergie par le fait même.

J'ai lu cet exemple dans un livre du docteur Wayne Dyer, il y a de cela plusieurs années. Avant de lire cette mise en situation, je n'étais nullement convaincue que nous possédions un véritable contrôle sur nos émotions. À l'époque, je croyais plutôt que seul le temps pouvait dissiper une émotion négative comme la tristesse ou la colère. Mais cet exemple m'a persuadée du contraire et je me suis mise à la tâche. Il m'a fallu un certain temps avant de pouvoir maîtriser mes pensées, car cela ne s'apprend pas du jour au lendemain, mais à force de persévérance, j'ai vu des résultats et il peut en être de même pour vous.

Le pouvoir fascinant de la décision

Je découvre depuis quelques années à quel point le pouvoir de la décision est immense. Par exemple, il m'arrive de décider quelque chose sans pourtant savoir vraiment comment m'y prendre pour y parvenir, ni quand le résultat se manifestera. Je me dis simplement que ce jour viendra, mais je ne prévois pas de date et je ne force rien. Pour ceux qui connaissent la technique de la visualisation et de la programmation mentale, mon approche est quelque peu différente. Elle consiste en un mélange de détermination et de créativité, c'est une sorte de programmation mais qui inclut une notion de jeu. Voilà comment cela fonctionne.

Supposons que vous nourrissiez le dessein de devenir un jour une personne très joyeuse qui prend la vie du bon côté et en riant.

Tout ce que vous avez à faire est de le *décider* maintenant. Dites-vous : *« Un jour, je serai une personne enjouée et je prendrai la vie en riant. »* Si vous ne savez pas de quelle façon vous y arriverez, ce n'est pas grave, il s'agit de le décider.

Par ailleurs, chaque fois qu'un événement survient qui peut vous aider dans ce sens, décidez d'en tenir compte, faites ce qui se doit, et continuez votre vie sans rien précipiter. Supposons que vous aimeriez devenir une personne plus ordonnée, décidez alors qu'un jour vous serez une personne très méthodique et soignée, jouissant du fait que tout sera en ordre et bien rangé autour de vous. C'est tout, prenez la décision et confiez-la à votre subconscient. Essayez et observez. Mais *n'exigez* pas de résultats. Laissez le temps faire son œuvre et faites confiance à la vie.

Une dame à qui je parlais récemment du pouvoir fascinant de la décision me confiait avoir DÉCIDÉ d'aimer son mari. En réponse à mon regard étonné, cette dame m'expliqua que seulement trois semaines après son mariage, elle se demandait comment elle avait bien pu épouser un tel homme.

Après avoir réfléchi, elle **décida d'aimer** cet homme et de s'efforcer de lui trouver des qualités. C'est ce qu'elle fit et elle ne regretta jamais sa décision. Chaque fois qu'elle lui découvrait des mérites, elle lui en faisait part. C'est alors qu'elle le vit s'épanouir comme fleur au soleil. De sentir que sa femme cherchait en lui ses côtés positifs a encouragé cet homme à lui prouver qu'elle avait raison. Cela fait maintenant 30 ans qu'ils sont mariés et cette dame est de toute évidence très heureuse. Selon elle, l'amour est une DÉCISION. Intéressant, n'est-ce pas ?

DÉCIDEZ que vous serez heureux

Le jour même où cette dame m'a fait cette confidence, j'ai vu à la télévision une interview d'un comédien à succès. Il disait que 15 ans plus tôt, il avait DÉCIDÉ d'être heureux et que sa vision noire de l'existence était chose du passé. Et de fait, il est devenu dès lors un homme heureux. Des rôles lui sont constamment proposés tant à la télévision qu'au cinéma et au théâtre. Il jouit de l'amour du public, de l'estime de ses collègues et le succès lui sourit depuis.

Alors, pourquoi ne décideriez-vous pas vous aussi d'être heureux à partir de maintenant? Que risquez-vous à prendre cette décision? Votre seul risque est de devenir un peu plus heureux que vous ne l'êtes maintenant. Même si vous ne parvenez pas à réaliser tous vos rêves, vous serez quand même gagnant. Nos décisions changent les filtres à travers lesquels nous regardons la vie, alors, aussi bien prendre les bonnes décisions.

Représentants des ventes, décidez d'ADORER faire vos appels téléphoniques

Encore un petit mot pour les représentants des ventes et les travailleurs autonomes qui détestent solliciter leur clientèle par téléphone. Si c'est votre cas et que vous répétez constamment à quel point vous détestez cela, votre subconscient n'a pas d'autre choix que de vous rendre la tâche encore plus désagréable.

Chaque fois que vous vous répétez mentalement combien il vous répugne de faire du télémarketing, cela stimule votre centre de déplaisir et cela fait baisser votre énergie. C'est tout à fait improductif. Pour changer cela, décidez qu'un jour vous allez ADORER faire vos appels téléphoniques de prospection. C'est ce que j'ai fait au début de ma carrière de conférencière.

Je n'étais alors vraiment pas très à l'aise au téléphone et évidemment, j'avais horreur de cela. J'ai tout tenté pour ne plus devoir faire d'appels de prospection: procéder à de coûteux envois postaux, acheter de la publicité et faire partie de tous les comités de multiples associations pour gens d'affaires. Quelques mois après, complètement vidée, mon compte en banque aussi, j'ai réalisé que le seul moyen d'atteindre ce que je voulais c'était d'exceller en vente et en télémarketing.

C'est alors que j'ai DÉCIDÉ qu'un jour j'adorerais cela. Mon problème c'était de ne pas savoir dans combien d'années ni à quel siècle ce miracle se produirait... Résultat: au bout d'un an, je détestais moins faire des appels téléphoniques et, après deux ans, j'adorais cela et j'étais devenue excellente. Cette décision m'a poussée à dénicher les cours de vente qui me convenaient, ce qui m'a permis de développer ma propre méthode, efficace mais respectueuse des clients. Et maintenant, j'enseigne la vente et le télémarketing.

Travailleurs autonomes, décidez d'ADORER vendre vos services

Je rencontre souvent des travailleurs autonomes dans des associations pour gens d'affaires. Je suis toujours désolée de voir ces gens remplis de talents ne tirer que de maigres revenus de ceux-ci, simplement parce qu'ils ne savent pas vendre leur expertise. Très compétents dans leur domaine, ils ne connaissent pas les techniques de vente. Si vous vous reconnaissez dans cette situation, pourquoi ne décideriez-vous pas qu'un jour vous excellerez dans la vente de vos services et que vous ADOREREZ cela. Cessez de bouder la vente et de trouver que ce domaine manque de noblesse.

J'ai remarqué que, plus on a de diplômes, plus on lève sur le nez sur la vente. Je le sais, j'ai fait la même chose. On s'imagine que, parce qu'on est ingénieur ou qu'on détient une maîtrise en éducation, en administration des affaires ou en droit, que l'on ne devrait pas avoir à se vendre. Le problème est que nous ne sommes plus dans les années 50. Il ne suffit plus d'accrocher un diplôme à un mur et de placer quelques chaises dans le vestibule pour que les clients affluent.

Aujourd'hui, le marché a beaucoup changé et ce sont plutôt ceux qui offrent des services qui prennent racine dans les vestibules des acheteurs potentiels...Ceux qui remportent la plus grosse part du gâteau, ce ne sont pas nécessairement les plus compétents, mais plutôt ceux qui savent bien vendre. Que vous soyez travailleur autonome ou entrepreneur, le nerf de la guerre, c'est la vente. C'est un art difficile à maîtriser, mais si vous décidez qu'un jour vous l'apprendrez et que vous ADOREREZ cela, la moitié de la bataille est gagnée.

Pourquoi ne pas décider d'ADORER l'ordinateur?

Nous sommes à l'ère de l'informatique, de l'Internet et les ordinateurs peuvent faire des merveilles pour nous. Cependant, beaucoup de gens ne sont pas à l'aise avec les ordinateurs et détestent même cela. J'ai même vu récemment une pigiste en communications écrire ses communiqués à la main et payer une personne pour les taper alors qu'elle-même possédait un ordinateur et avait déjà été secrétaire. Mais elle avait l'ordinateur en horreur... Ressemblez-vous à cette personne? Alors prenez-vous en main et passez à l'action, apprenez-en les rudiments.

Je vous en parle encore une fois en connaissance de cause, car j'ai eu avec l'ordinateur le même problème qu'avec la sollicitation téléphonique en vente. C'est comme si mon cerveau n'était pas naturellement «compatible» avec les ordinateurs, aussi ai-je failli à plusieurs reprises balancer mon portable du haut du 16e étage quand j'ai commencé à m'en servir. Je me suis cependant ravisée quand mes yeux sont tombés sur la facture que je venais de payer...

J'ai donc décidé d'apprendre. Quelques années plus tard, mon cerveau n'est toujours pas «compatible» avec les ordinateurs, mais j'ai fini par y comprendre quelque chose. Maintenant, quand des collègues ou des clients s'étonnent de me voir si habile à l'ordinateur, j'ai un petit sourire en coin et je savoure ma victoire. Il ne me reste qu'à faire la même chose avec Internet maintenant!

Si le fait de ne pas maîtriser certaines habiletés est source de déplaisir pour vous ou que cela vous bloque dans votre évolution ou dans votre carrière, ne restez pas inactif: décidez que vous allez devenir bon en cette matière et agissez en conséquence. Suivez des cours, pratiquez et placez-vous délibérément dans des situations où vous serez obligé d'utiliser cette habileté. Dans quelque temps, vous aurez le contrôle de la situation et serez fier de vous. Mais vous devez d'abord le décider.

Chapitre VIII

Trouvez du bon à une situation de déplaisir

Révisons un peu ce que nous avons vu jusqu'ici. Vous faites face à un déplaisir que vous avez choisi de ne pas fuir, vous avez tout essayé pour rendre ce déplaisir moins désagréable et vous avez même accepté ce que vous ne pouviez pas changer. Mais, vous n'allez pas vous avouer vaincu pour autant. Il vous faut absolument trouver du bon à cette situation.

Pour cette dernière étape, vous devrez soit découvrir les éléments positifs de cette situation ou soit en apprendre quelque chose. Il se peut par contre que vous vous complaisiez dans l'un des deux rôles suivants: la *victime officielle* ou *l'enragé chronique*. Nous vivons parfois certaines situations difficiles qui nous laissent des marques indélébiles et peuvent même façonner le reste de notre vie. Tout dépendra de la façon dont nous aurons choisi de vivre cette situation.

Si une situation nous a blessé profondément, il arrive qu'une partie de nous fasse l'enfant et boude. Dans cette optique, nous nous cantonnons dans notre rôle de victime pour ne plus en sortir et nous nous refusons à aller mieux. C'est comme si nous tentions de punir quelqu'un. Bien sûr, notre mauvaise humeur ou notre tristesse puniront effectivement notre famille et nos proches, mais le plus puni de tous par cette attitude, ce sera nous-même. Mais pourquoi nous complaisons-nous parfois dans le rôle de victime?

Nous agissons ainsi car en faisant cela nous recevons plus d'énergie des autres. Ces derniers nous témoignent de la compassion, nous donnent de l'attention, nous rendent certains petits services, et cela nous réconforte. Au fond, ils nous «financent» ni plus ni moins en énergie. C'est pourquoi jouer à la victime comporte des avantages, mais rester trop longtemps dans cette position ne pourra que vous faire du mal.

Les périodes difficiles nous marquent physiquement

S'il nous faut tant de temps pour nous extirper de situations difficiles, c'est que notre blessure n'est pas uniquement émotive, elle est également physique. Quand une situation psychologique ou émotive nous blesse, c'est réellement inscrit dans notre corps. Un traumatisme, un chagrin d'amour, une phrase qui nous offense ou nous humilie, toutes ces émotions s'impriment dans notre corps et y laissent des traces.

Avez-vous déjà entendu l'expression: «Il a subi une défaite CUISANTE», pourquoi «cuisante?» Revivez une situation où l'on vous a dénigré et vérifiez si vous n'éprouviez pas effectivement une sensation de brûlure au cœur. Ainsi, quelqu'un envers qui on a proféré des paroles blessantes les ressasse souvent dans sa tête et il en ressent un malaise physique.

En effet, chaque émotion et chaque pensée tracent un chemin neurologique dans notre système. Elles inscrivent un circuit à la fois dans notre corps et dans notre esprit. À cause de cela, il est parfois difficile de nous sortir d'une situation pénible, car notre cerveau demeure «marqué» par cette expérience. C'est pourquoi nos pensées empruntent toujours le même chemin neurologique, ce qui nous fait revivre les mêmes émotions. C'est comme une obsession.

Une obsession est une ornière neurologique

Quand une pensée nous obsède, nous avons du mal à chasser cette idée de notre esprit et à penser à autre chose. Cette obsession ressemble à un canal profond dans notre cerveau, comme une ornière qui creuse un chemin en forêt. Certains de ces sillons dans la terre sont si creux et si durs qu'une voiture qui s'y serait engagée aurait peine à s'en extraire à moins d'une intervention musclée. De la même façon, une obsession ou une situation blessante tracent une voie profonde dans notre cerveau. C'est pourquoi nos pensées se dirigent automatiquement dans la même direction, provoquant les mêmes images mentales et entraînant les mêmes émotions douloureuses.

Pour mettre fin à une obsession, nous aurons besoin de toute notre volonté et notre force de discipline pour nous défaire de cette pensée récurrente ou pour surmonter un moment pénible. Il nous faudra changer nos ornières neurologiques et acheminer nos pensées vers d'autres circuits. En faisant prendre d'autres chemins à nos pensées, elles provoqueront nécessairement des émotions différentes et nous pourrons finalement triompher de notre obsession.

Les périodes difficiles sont souvent accompagnées de périodes de deuil

Si vous êtes actuellement dans une période difficile et avez du mal à vous libérer d'une grande tristesse ou d'une rancœur, c'est probablement que vous faites le deuil d'une situation. Le deuil n'est pas uniquement lié au décès d'une personne. Vous êtes en deuil de quelque chose quand la vie vous impose un changement que vous n'avez pas choisi, ce qui vous oblige à réorganiser votre vie sans telle personne, telle situation, sans ce projet que vous aimiez ou avec des revenus en moins. La caractéristique du deuil est son côté irréversible. Quelque chose est irrémédiablement changé dans votre vie et vous n'avez pas été consulté.

Dans une situation de deuil il y a toujours un avant et un après. Une coupure très nette marque notre vie. Bien sûr, nous sommes en deuil quand une personne meurt, mais il existe aussi d'autres occasions de deuil comme la perte d'un emploi, un divorce ou d'une séparation, quand un rêve s'envole, ou que l'on doit faire une croix sur un projet de carrière.

Nous sommes également en deuil après un accident ou une maladie grave qui ont laissé des séquelles. Une personne qui vient de subir une faillite ou un échec important est aussi en deuil. De même, une certaine forme de deuil accompagne aussi le vieillissement, non seulement en raison des décès autour de soi, mais aussi du fait que les possibilités s'amenuisent. Si à 20 ans, tous les rêves sont permis, malheureusement, il n'en est pas de même à 50 ans.

Il faut faire aussi parfois son deuil de certaines illusions à propos d'une situation ou d'une personne.

Un sentiment de deuil peut aussi vous habiter après une violente dispute avec quelqu'un qui vous est cher. Dans certaines situations, vous ne pourrez jamais effacer des paroles blessantes, un sentiment de cassure subsistera et la relation ne sera jamais plus pareille. On vit aussi un sentiment de deuil après un vol – qu'il ait été important ou non – certains objets porteurs de souvenir ne pourront jamais être remplacés. Lors d'un cambriolage, il y a violation de l'espace intime, violation de territoire.

D'autres personnes qui vivent un deuil difficile sont les victimes de viol. Elles ont subi la violation de leur territoire le plus intime, ce qui a laissé de profondes blessures parfois physiques mais aussi psychologiques. Un viol force la personne à faire le deuil d'une illusion de sécurité, de la bonté et du respect des gens. Il en est de même pour les victimes de guerres et de catastrophes naturelles comme les ouragans, les tornades et les déluges. Ces personnes doivent se refaire une vie, recoller les morceaux de leurs existences anéanties. Peu importe le moment de votre vie, vous pouvez avoir à faire le deuil de quelque chose.

Faire le deuil de certains plaisirs

Il m'arrive régulièrement de parler de cette notion de deuil quand je donne des séminaires sur le changement dans les entreprises. Plusieurs sociétés ont effectué ces derniers temps des virages à 360 degrés, ont coupé de nombreux postes et bouleversé les processus de travail. Par conséquent, la vie des employés s'en retrouve chamboulée et plusieurs ont du mal à ne pas rester accrochés au passé.

Ces gens doivent faire le deuil de leur ancien travail et de certaines illusions qu'ils entretenaient quant à des possibilités d'avancement et de sécurité d'emploi. Ils doivent parfois oublier une certaine qualité de travail qu'ils ne peuvent plus se permettre à cause de la vitesse folle avec laquelle ils doivent faire les choses dorénavant. Ils doivent également dire adieu à des collègues de travail avec lesquels ils prenaient plaisir à travailler.

Étrangement, faire le deuil de quelque chose ne convient pas exclusivement aux circonstances tristes, il accompagne aussi des situations positives. C'est parfois le cas lors d'une retraite anticipée, quand une personne change volontairement d'emploi, ou qu'un autre obtient un divorce pourtant souhaité depuis belle lurette. Ces personnes se sentent parfois tristes et s'interrogent à savoir si cet état d'âme est normal. En fait, ces gens ont la nostalgie de certains plaisirs car une situation n'est jamais ni tout à fait noire, ni tout à fait blanche, et certains plaisirs qui étaient présents dans l'autre situation leur manquent actuellement. De là ce sentiment d'être un peu désemparé.

Les périodes de deuil provoquent des «pannes d'énergie»

Pendant ces périodes de deuil, il est normal de se retrouver en manque d'énergie car notre situation passée nous apportait des plaisirs qui «finançaient» notre énergie de toutes sortes de façons. En plus d'avoir maintenant à investir davantage d'énergie pour réorganiser sa vie, la personne doit apprendre à vivre sans ces anciennes sources de plaisir qui lui donnaient goût à la vie. C'est pourquoi, pendant ces périodes de transition, le plaisir conscient et planifié peut être d'un grand concours, car il peut accélérer la guérison et favoriser le passage à l'action positive.

Quand on est en deuil, on se sent un peu perdu et désorienté, ne sachant plus vraiment dans quelle direction canaliser son énergie. Il faut un certain temps à l'individu pour s'adapter à sa nouvelle situation. Plusieurs auteurs traitent du deuil et de ces différentes phases. Selon mes recherches et observations personnelles, il y aurait cinq grandes étapes dans le processus du deuil. En situation difficile, observer votre évolution muni de cette grille d'analyse peut vous aider à mieux comprendre ce qui se passe.

Cinq étapes importantes du deuil:

1. Le refus
2. La révolte
3. L'abattement
4. L'acceptation
5. La guérison

Le refus est en général un tout premier réflexe. Nous faisons l'autruche et nous ne voulons pas voir la réalité en face. Bien ancrés dans l'ancienne situation où nous étions en pleine action, l'arrêt soudain d'une relation ou d'un projet nous laisse complètement déséquilibrés. Imaginez que vous êtes sur un cheval en pleine course et que celui-ci change soudain de direction, il y a de fortes chances alors que vous mordiez la poussière, car tout votre corps s'élançait vers la direction prévue. La période de refus est une période d'adaptation à la nouvelle réalité, réalité à laquelle votre conscient se refuse mais que votre subconscient absorbe petit à petit.

Écoutez simplement les gens parler quand on leur annonce une nouvelle difficile: «Non, ça ne se peut pas, je n'arrive pas à y croire. Je rêve!» Avez-vous déjà vu quelqu'un perdre son conjoint avec qui il devait partir en croisière quelque temps après? À l'entendre parler, ils partent encore tous les deux en croisière, comme si rien ne s'était passé. Ou encore une personne qui vient d'être blessée dans un terrible accident continuer de faire des projets comme si rien n'était arrivé.

Ces réactions qui peuvent paraître étranges ne sont que des réactions d'adaptation, c'est un simple mécanisme de défense. La personne étant incapable de prendre pleinement conscience de la situation se protège en ne la digérant que très lentement. Pendant que son cerveau conscient refuse la situation, son esprit inconscient lui, est en train de l'absorber. Cette période de refus amortit le choc en quelque sorte.

La révolte peut suivre le refus, ou encore, ce peut être l'abattement, selon la personnalité de l'individu concerné et le sujet du deuil. La révolte surgit quand la personne prend réellement conscience de la situation et réalise qu'elle devra réorganiser sa vie sans l'autre ou sans cette situation qu'elle aimait. Cette colère n'est pas négative, au contraire, elle peut même être très bénéfique et entraîner un revirement de la situation.

Supposons que votre patron vous annonce que vous serez muté à un poste qui vous déplaît royalement, votre révolte vous fera peut-être trouver les mots pour le convaincre de vous garder à votre poste actuel. La révolte est la manifestation de votre instinct de survie. Cette indignation pourra être positive dans la mesure où elle sera passagère et que vous ne deviendrez pas un enragé chronique...

En canalisant votre révolte vers des actions concrètes, elle sera salutaire. Si vous êtes actuellement dans une période difficile, une bonne façon d'utiliser votre agressivité serait de prendre une feuille de papier et d'écrire tout ce qui vous passe par la tête au sujet de cette situation. Ne vous censurez surtout pas, vous pouvez même écrire tous les gros mots que votre mère vous interdisait de dire, ainsi que toutes les idées irrationnelles qui vous viennent à l'esprit. Ce n'est pas grave puisque vous brûlerez cette page par la suite. Le fait d'évacuer cette colère emprisonnée au tréfonds de vous-même vous permettra d'identifier des frustrations ou des peines insoupçonnées jusque-là. Puis, à la révolte succède la tristesse.

L'abattement (la tristesse) s'installe quand la personne réalise son impuissance à faire changer la situation. Certaines personnes plus agressives ou plus cérébrales sautent cette étape, car elles ne se sentent pas très à l'aise avec les émotions. Laisser libre cours à leurs émotions leur donne le sentiment de perdre le contrôle – ce qu'elles ne valorisent évidemment pas. D'autres considèrent que de démontrer sa tristesse est un signe de faiblesse. Ce peut cependant être tout le contraire, car s'accepter comme on est dénote aussi une très grande force.

Toute émotion est une énergie qui a besoin d'être exprimée. Certains moments sont plus propices que d'autres pour extérioriser ses émotions et il faut aussi choisir les personnes avec lesquelles leur donner libre cours. Le plus important, c'est de vous avouer à vous-même votre tristesse car, ce faisant, vous pouvez vous en occuper adéquatement sinon cette tristesse risque de rester enfermée en vous et vous faire du tort.

Ne pas prendre conscience de vos émotions c'est comme rouler en voiture sans avoir retiré le frein à main. Certes, la voiture avancera mais cahin-caha, usant les freins et consommant plus d'essence. Bien entendu, c'est important de vivre sa tristesse, mais comme pour la révolte, il ne faut pas rester accroché à cet épisode et devenir une «victime officielle».

Ce qu'il faut retenir avant tout de cette étape, c'est de vous accorder la permission de vivre votre tristesse afin de vous en libérer un jour prochain. En observant votre énergie, vous sentirez à quel moment écouter votre tristesse ou non.

Quand on s'est donné la permission de laisser sortir sa colère et de ressentir sa tristesse, on ne sait plus trop dans quelle direction s'orienter. Vient alors une période un peu «zombie», une période d'errance où la vie n'a plus tellement de saveur. Rien ne nous dérange vraiment, rien ne nous fait réellement plaisir. Vous êtes alors en période d'incubation, en train de vous recentrer et de vous préparer à repartir à nouveau. Pour traverser cette période inconfortable, essayez de nouvelles choses même si vous n'en avez pas vraiment le goût, exposez-vous à de nouvelles activités, à de nouvelles personnes, à des lectures rafraîchissantes. Faites-vous plaisir de différentes façons et explorez. Suivez votre intuition et, de cette phase où vous êtes au point neutre, vous glisserez dans l'acceptation.

L'acceptation. De l'extérieur, la différence entre l'abattement et l'acceptation est imperceptible, mais vous saurez que vous êtes rendu à cette phase quand vous vous entendrez dire des choses comme: «*J'aurais préféré que ce soit autrement, mais puisque c'est comme ça alors je vais...*» L'acceptation survient quand on sent que la vie revient et que l'on est prêt à suivre le courant. On se parle intérieurement et on raisonne la question. En faisant cela, vous accélérez la guérison.

J'ai observé que, suite à une grande peine comme la mort de quelqu'un, la perte d'un amour, la perte d'un emploi ou d'une situation, il faut parfois deux ans avant d'en guérir. Pendant la première année, la personne vit chaque saison et chaque anniversaire en prenant conscience de son deuil et elle répète souvent: «*L'an dernier, à cette époque, je faisais ceci ou nous faisions cela*», et elle apprend à vivre sa nouvelle réalité sans cet élément vital qui jadis faisait son bonheur. La deuxième année, la douleur s'est un peu estompée et la personne a appris à se refaire seule de nouveaux plaisirs. Elle est d'ailleurs plus énergique. Et c'est là qu'arrive l'étape de l'action positive, la guérison.

La guérison. Certaines personnes peuvent passer par-dessus plusieurs des étapes du deuil et se retrouver, sur-le-champ ou presque, à vivre l'étape de la guérison. On peut faire très rapidement son deuil quand la situation est prévisible ou quand on essaie depuis longtemps de la sauver. C'est ce qui peut se produire quand une personne décède suite à une longue maladie, quand on s'est battu longtemps pour tenter de garder un emploi ou après un divorce où tout a été accompli pour préserver l'union. Dans ces circonstances, les étapes du deuil se font au fur et à mesure et la personne est prête beaucoup plus vite à la guérison.

Cependant, si vous passez immédiatement à l'action positive, demeurez attentif à votre énergie afin de sentir si vous êtes bien animé par l'énergie du désir et non par l'énergie de la volonté, car si tel était le cas, vous avez peut-être refoulé certaines émotions, et ce serait nocif.

Pour déceler si vous êtes animé par l'énergie de la volonté, observez votre langage intérieur. Si celui-ci est très fréquemment ponctué de: «*Il faut – Je dois – Je n'ai pas le choix*», il y a de fortes chances que ce soit cette énergie qui vous anime. Alors, sans vous laisser abattre, il serait bénéfique d'accueillir vos émotions et de les laisser sortir. Sinon, elles risquent de vous gruger de l'intérieur et d'affecter votre santé. Mais si vous avez vraiment fait votre deuil de la situation, vous serez capable alors de passer à autre chose.

Apprendre de la situation et non se blâmer

Après une expérience difficile comme une faillite, la perte d'un emploi, un échec important, un divorce ou la mort de quelqu'un, il arrive souvent que l'on revive les événements dans son esprit et que l'on se fasse des reproches. On se demande ce qu'on aurait dû faire de mieux ou de différent pour éviter que cela ne survienne. On a tendance à se blâmer et cette situation peut entraîner une sérieuse période de dévalorisation. Faites très attention de ne pas emprunter cette pente de dépréciation, car cela vous ferait perdre beaucoup d'énergie et vous en avez grandement besoin pour vous éloigner de cette situation difficile.

S'il n'est pas évident de découvrir des éléments positifs dans certaines situations, une chose est sûre, ce n'est pas en restant dans une disposition mentale négative, déprimée ou agressive et surtout pas en vous dévalorisant que vous vous attirerez de meilleures choses.

Après un échec, il est intelligent d'analyser la situation afin de déterminer quelle a été notre part de responsabilité. Cette analyse vous sera utile si vous en tirez une leçon, mais pas si vous vous tapez sur la tête et si vous vous blâmez. Ce qui sera judicieux cependant, sera de vous demander: «*Qu'est-ce que je peux apprendre de cette situation?*». Vous pourrez ainsi préciser vos erreurs, prendre des décisions pour l'avenir et tirer votre épingle du jeu.

Si vous reconnaissez avoir fait certaines erreurs, vous ne pouvez cependant pas changer le passé et vous avez déjà payé assez cher votre faute. Organisez-vous donc pour du moins en retirer quelque chose de positif. Pourquoi ne pas vous en servir dans l'avenir? Ne dit-on pas que toute situation de déplaisir est riche d'apprentissages et que derrière tout grand malheur se trouve un cadeau réservé à ceux qui le cherchent?

Alors, vous pouvez certes trouver au moins un avantage au déplaisir que vous avez vécu ou que vous vivez? Quelle leçon cette situation vous a-t-elle apprise? Comment pourriez-vous vous y prendre si un tel contexte se présentait à nouveau pour ne pas retomber dans le même panneau la prochaine fois? Et si cela devait se reproduire, que pourriez-vous faire pour perdre moins d'énergie?

Quand vous réussirez à trouver du bon à une situation de déplaisir que vous n'aurez pas réussi à changer, vous serez alors pleinement qualifié pour le bonheur!

Troisième partie

Comment vous défendre contre les personnes qui vous volent votre énergie

Chapitre IX

À vos boucliers:
les vampires sont parmi nous

M aintenant que vous savez mieux vous protéger contre les déplaisirs, il est temps de raffiner votre stratégie et de vous prémunir contre les personnes qui peuvent vous voler beaucoup d'énergie, les personnes au pouvoir négatif.

En fait, tout le monde peut vous prendre de l'énergie à n'importe quel moment. Votre conjoint peut vous en soutirer en raison de ses problèmes au travail, votre meilleur ami avec sa peine d'amour ou un collègue à cause d'un conflit avec son patron. Ces situations font partie de la vie et constituent la trame de fond des échanges entre les êtres humains. Ces circonstances et ces comportements ne font pas pour autant de ces gens des êtres au pouvoir négatif.

À ses heures, chacun de nous est négatif. Un travail nous décourage et nous nous en plaignons, un événement se produit et nous voilà irrité, ou quelqu'un agit d'une manière qui nous déplaît et nous le critiquons. Avoir de temps à autre certaines émotions négatives, ne fait pas de vous une personne au pouvoir négatif. Vous êtes simplement un être humain. Mais ce qui fait qu'une personne a vraiment un pouvoir négatif est le caractère *permanent* ou *régulier* de ses comportements destructeurs.

Au cours de ce chapitre, vous reconnaîtrez sûrement des attitudes ou des comportements propres à plusieurs personnes de votre entourage ainsi qu'à vous-même. Toutefois, avant d'apposer l'étiquette «personne au pouvoir négatif» à quelqu'un, il faut vraiment qu'il adopte un tel type de comportement de façon *répétitive*. C'est important de garder cela à l'esprit.

Les personnes au pouvoir négatif vous siphonnent votre énergie

Les personnes dotées d'un pouvoir négatif possèdent cette capacité de vous siphonner votre énergie en un temps record. Par exemple, vous entrez dans un centre commercial, de bonne humeur et débordant d'énergie, et vous rencontrez une de vos connaissances avec laquelle vous vous entretenez quelques minutes. Peu après cet entretien, d'un coup, vous vous sentez vidé, votre énergie complètement à plat. Votre bonne humeur s'est envolée et vous vous sentez très fatigué. Que s'est-il passé? Tout simplement un transfert d'énergie.

En moins de temps qu'il ne faut pour le dire, et à votre insu – au sien aussi – cette personne s'est branchée sur votre plexus solaire et vous a littéralement siphonné votre énergie, comme une transfusion sanguine. C'est ni plus ni moins un «détournement d'énergie». Vous avez fait la rencontre d'un vampire d'énergie. Les vampires d'énergie existent vraiment, croyez-moi. Il s'agit peut-être de votre cousin, de votre meilleur ami, de votre patron, de votre conjoint, de votre associé, de votre sœur, de votre frère, d'un collègue de travail, de votre enfant, d'un inconnu... ou, de vous-même. Je comprends que vous auriez préféré ne pas figurer sur cette liste mais, à vos heures, vous êtes votre propre vampire d'énergie.

Cela se produit quand vous êtes fatigué, que vous devenez négatif en entretenant des pensées sombres ou que vous vous êtes laissé contaminer par une personne négative. Vous devenez votre propre vampire quand vous vous critiquez sans trouver la moindre excuse pour vous justifier, quand vous laissez les autres abuser de votre énergie ou quand vous laissez vos complexes d'infériorité prendre le dessus.

Dans ces situations, n'accusez pas les autres, refaites plutôt vos devoirs des chapitres précédents. Et il va de soi qu'en étant vidé à ce point, vous recherchez par tous les moyens à recharger votre énergie. Si vous n'avez pas encore développé l'habitude de le faire en vous accordant certains plaisirs, il y a de fortes chances que vous chercherez à vampiriser les autres et vous entretiendrez par le fait même un cercle vicieux.

Les trois types de vampires d'énergie

Les personnes au pouvoir négatif utilisent différentes approches. Ou bien elles vous donnent l'impression que vous êtes le dernier des imbéciles ou du moins un incompétent total; ou elles vous incitent à les aider ou à leur remonter le moral, mais sans aucun résultat; ou encore elles vous mystifient et se servent de vous. Si en présence d'une personne en particulier vous vous sentez la plupart du temps *vidé, déprimé, incompétent, stupide, en colère ou impuissant*, c'est que vos rapports avec cette personne ne vous sont pas bénéfiques et ne sont que déplaisirs. Vous êtes probablement en présence d'un vampire d'énergie.

Je classe en trois catégories les personnes au pouvoir négatif:

– les vampires *victimes*;
– les vampires *bulldogs*;
– les vampires *manipulateurs*.

Les vampires *victimes*

La *victime* a souvent l'air démuni et semble dépourvue de ressources. Elle a le don de s'attirer des situations négatives et se plaint constamment. Jamais elle ne s'attribue aucune part de responsabilité à propos de ce qui lui arrive. Certaines *victimes* peuvent se sentir continuellement persécutées; à les entendre, on jurerait que la terre entière se lève une heure plus tôt chaque matin juste pour leur faire du mal. La *victime* se considère peu appréciée, incomprise, rejetée. Elle vous entretiendra pendant des heures des problèmes que les autres lui causent mais jamais elle n'en parlera aux personnes concernées... Il y a aussi la martyre qui souffre en silence, mais qui s'organise toujours pour que vous sachiez dans quel enfer elle vit. La *victime* veut que vous la *plaigniez*, que vous *approuviez son inertie* et que *vous la sauviez*.

Il existe une variante de ces *victimes*: la gaffeuse ou la distraite. Elle accumule les erreurs mais sans jamais les corriger.

Même si vous avez pris le temps de lui expliquer comment faire les choses, elle ne se corrige pas. Mais c'est vous qui réparez ses erreurs ou qui recollez les pots cassés. Cela peut être exaspérant et vidant.

Comment les vampires *victimes* vous volent-ils votre énergie

Si vous vous mettez à son écoute fréquemment, vous donnerez beaucoup d'énergie à la *victime* et vous vous viderez de la vôtre. Ses ponctions d'énergie se font au goutte à goutte. Elles sont insidieuses et vous ne vous en rendez pas toujours compte. C'est la raison pour laquelle il est essentiel que vous demeuriez conscient des fluctuations de votre énergie, comme vous l'avez appris dans le premier chapitre.

Mais peut-être avez-vous un grand cœur et voulez-vous aider vraiment cette personne? Faites-le, mais demeurez conscient de l'énergie qu'elle vous prend et de la joie de vivre qu'elle vous grignote. Si vous ne le faites pas, vous hypothéquerez votre énergie, la qualité de vos soirées, de vos week-ends, votre santé et peut-être même votre carrière. De nos jours, les entreprises n'ont que faire de ces personnes qui se lamentent, qui critiquent sans cesse ou qui ne savent pas rectifier leurs erreurs. À vous de voir jusqu'où vous voulez contribuer à la caisse du négatif. Ne vous prêtez pas trop au jeu des *victimes*, il y a des psychologues pour cela.

> ## POUR LIMITER VOS PERTES D'ÉNERGIE AVEC LES *VICTIMES*

1- Évitez cette personne le plus possible ou limitez vos contacts avec elle

Si vous pouvez éviter cette personne, faites-le. Sinon, espacez vos rencontres et prenez plus de temps avant de la rappeler. Si vous faites du covoiturage avec cette personne pour vous rendre au travail ou si vous avez l'habitude de manger avec elle, changez vos heures. S'il vous est difficile d'agir en ce sens, écourtez les rencontres, trouvez-vous des prétextes pour vous soustraire à sa présence: une personne à rappeler, un dossier à terminer, aller aux toilettes, etc.

2- Portez-lui moins d'attention quand elle parle

Le principal plaisir de la *victime* est de se plaindre. En faisant cela, elle vous picore votre énergie çà et là. Son plus grand délice est quand vous l'écoutez attentivement. Organisez-vous pour qu'elle y prenne moins plaisir en l'écoutant moins attentivement. Quand elle parle, écoutez-la distraitement, ne lui faites pas préciser ce qu'elle vient de dire, soutenez-la moins du regard, regardez même ailleurs, etc. Cela vous semble peut-être un peu rude, mais c'est à vous de choisir si vous préférez gaspiller votre énergie ou la garder pour vous.

3- Répétez-lui les suggestions que vous lui avez déjà faites

Si auparavant vous avez déjà essayé d'aider cette personne mais sans qu'elle n'ait mis vos suggestions en application, ne lui donnez pas de nouvelles idées, cela lui ferait trop plaisir. Répétez-lui les mêmes conseils que vous lui avez déjà donnés. Radotez, elle vous trouvera moins intéressant et vous perdrez moins d'énergie.

4- Ne vous laissez pas entraîner dans ses tentatives de culpabilisation

Une *victime* consciente de perdre votre attention peut chercher à vous culpabiliser. Ne bronchez pas, même si elle vous traite d'égoïste ou de sans-cœur. N'embarquez pas non plus même si elle vous retire le «privilège» d'être son sauveur. Et ne la laissez surtout pas faire si elle essaie de vous faire sentir coupable d'être heureux.

5- Ne vous laissez pas piéger par les flatteries des *victimes*

Plusieurs *victimes* utilisent la flatterie pour vous faire travailler pour elles. Ne laissez pas la faiblesse de votre ego vous leurrer ainsi. Sachez faire la différence entre vos vraies qualités et celles que la personne vous prête.

6- Faites subir les conséquences de ses actes à la gaffeuse

La gaffeuse retire trop d'avantages de ses gaffes pour se corriger d'elle-même. Ainsi, faites-lui subir les conséquences de son comportement. Ne la couvrez plus, ne l'excusez plus, ne riez plus de ses étourderies. Organisez-vous dorénavant pour que la balle des déplaisirs soit dans son camp et non plus dans le vôtre.

Les vampires *bulldogs*

Les *bulldogs* sont des êtres à l'allure souvent autoritaire, aux sourcils froncés et qui sourient peu. Ils vous regardent comme s'ils avaient une loupe à la place des yeux, scrutant chaque détail de votre tenue comme pour trouver quelque chose qui cloche. Au bout d'un moment, vous vous demandez si votre fillette de 3 ans n'a pas laissé une trace de son petit-déjeuner sur le revers de votre veste. Deux minutes en leur présence, et déjà vous vous sentez comme le dernier des imbéciles ou totalement incompétent.

Pour tout dire, vos réponses ne sont jamais les bonnes, et de plus, vos tentatives de faire de l'humour tombent toujours à plat et vous vous sentez doublement ridicule. D'autres *bulldogs*, quant à eux, font dans le genre mystérieux et impénétrable. Ils ne vous donnent que de vagues indices de ce qu'ils veulent et vous laissent deviner. Si vous n'y parvenez pas, ce sera la preuve de votre incompétence. Et ne vous attendez pas à des remerciements de ces gens, la reconnaissance ne fait pas partie de leurs pratiques.

Une variante sur ce thème est le perfectionniste. Jamais content, il cherche toujours la bête noire. Il la trouve et il en est ravi! Il y a aussi la personne sarcastique dont les remarques acides vous rabaissent et vous enragent. Mais si vous relevez l'insulte, cette dernière vous dira que vous êtes paranoïaque et que vous n'avez vraiment aucun sens de l'humour. Épinglé au mur, dans les deux cas, vous faites mauvaise figure.

Pour terminer la collection, il y a le *bulldog* qui se transforme en furie. Il donne libre cours à ses colères pour un oui ou un non, occasionnellement ou régulièrement, semant la terreur dans son entourage. Les *bulldogs* règnent par la peur, ils veulent vous contrôler, vous dominer et vous soumettre.

Comment les vampires *bulldogs* vous volent-ils votre énergie?

Si les *victimes* vous font des prélèvements d'énergie en douceur, à peine perceptibles, il serait difficile de ne pas vous apercevoir quand les *bulldogs* vous en extirpent. Cela se compare à l'effet d'un coup de poignard ou d'une gifle. C'est comme un «hold-up» d'énergie. Ou encore il arrive que leurs ponctions d'énergie agissent comme un poison, parfois administré massivement avec effet violent, d'autres fois le poison opère comme un comprimé à effet prolongé, il se diffuse lentement mais sûrement. C'est l'effet que produisent les sarcasmes.

Les *bulldogs* s'alimentent de votre énergie chaque fois que vous vous fâchez, que vous vous énervez, ou que vous perdez votre calme, votre enthousiasme et votre sourire. Quand ils parviennent à faire cela, ils sont contents, ils ont eu un cadeau.

> ## POUR LIMITER VOS PERTES D'ÉNERGIE
> ## AVEC LES *BULLDOGS*

1- Ne leur faites pas le cadeau de vous fâcher ou de perdre votre sourire

Dès que vous êtes en présence d'un *bulldog*, mettez-vous en mode «canard» et insensibilisez-vous aux attaques éventuelles. Déterminez quelles sont les occasions où ce *bulldog* préfère vous attaquer et essayez de prévenir les coups. Soyez conscient de vos vulnérabilités et décidez de ne pas lui céder. Ne lui faites pas le cadeau de vous déposséder de votre sourire ou de perdre votre calme devant lui. Si toutefois vous flanchez, quittez la pièce pour ne pas lui donner le plaisir de lui concéder la victoire... et allez hurler ou pleurer dehors.

2- Mettez des mots sur ses comportements

Les tactiques d'intimidation des *bulldogs* visent à vous manipuler et à vous soumettre. La prochaine fois que le *bulldog* se fâchera, vous dira des méchancetés, ne reconnaîtra pas votre travail, sera sarcastique ou criera, mettez des mots sur son comportement. Dites quelque chose comme: «Je ne vois pas pourquoi tu cries ainsi, cela ne m'aide pas à comprendre ce que tu attends de moi». Se sentant ainsi démasqué, il y a de fortes chances pour qu'il change de comportement. Quand vous intervenez en ce sens, il est essentiel de garder un ton NEUTRE.

3- Faites-le «canard» en mettant fin à l'entretien

Un *bulldog* cherche à vous faire sortir de vos gonds, il a terriblement besoin de votre agressivité car il s'en nourrit. La prochaine fois qu'il vous agressera, privez-le de votre présence en quittant les lieux. Faites-le sans éclat, sur le mode «canard». S'il vous demande ce que vous faites, répondez que vous êtes là pour avoir une conversation ou pour travailler, pas pour vous faire injurier ou crier après et continuez ce que vous faisiez dans une autre pièce. Mais ne le faites pas en haussant le ton ou avec fureur, car il estimerait alors avoir gagné.

4- Utilisez l'humour

Le *bulldog* essaie de vous intimider par ses cris et ses menaces. Décontenancez-le en tournant à la blague ses comportements, en exagérant ses manies de perfectionniste ou sa rogne. Par exemple, une secrétaire dont le patron perfectionniste lui a fait une scène parce qu'elle avait déplacé son téléphone, a entouré le dit téléphone à l'aide d'une grosse corde blanche, délimitant ainsi l'espace à ne pas dépasser... Constatant le ridicule de son comportement, ce *bulldog* perfectionniste s'est esclaffé de rire. À vous de jouer et d'exercer votre humour.

5- Servez-lui sa propre médecine

Mise en garde: N'employez cette tactique que si tout le reste a échoué, car cela peut vraiment empirer la situation. Les *bulldogs* sont peu habitués à recevoir de véritables ripostes. Si vous avez tout essayé, devenez vous-même une furie la prochaine fois qu'il agira de la sorte. Criez plus fort que lui, lancez-lui des insultes pires que les siennes, dites-lui, vous aussi, des méchancetés. Faites cela sans trop perdre votre sang-froid, calculez vos actes et vos paroles. Montrez que vous êtes plus intelligent que lui: Vous ne cédez pas à la colère, vous avez DÉCIDÉ de vous fâcher. Là est toute la différence.

6- Exercez-vous mentalement

Pour développer votre courage d'affronter le *bulldog* et de riposter, pratiquez-vous mentalement à adopter vos nouveaux comportements. Voyez-vous garder votre calme la prochaine fois qu'il essaiera de vous provoquer. Voyez-vous lui répondre de façon suave et avec le sourire quand il cherchera encore une occasion de vous blesser. Voyez-vous crier plus fort que lui ou quitter les lieux. Préparez vos reparties vives et aiguisées pour le sarcastique. Voyez tout cela dans votre esprit et DÉCIDEZ que vous allez gagner.

Les vampires *manipulateurs*

Les *manipulateurs* ont appris à manipuler dès l'enfance. Certains d'entre eux le font inconsciemment alors que d'autres savent très bien ce qu'ils font. Ils sont en général mystérieux et vous ne pouvez jamais savoir ce qu'ils veulent vraiment car leur but est INAVOUABLE: ils veulent tout bonnement se servir de vous, vous utiliser à leurs propres fins, peu importe si cela vous fait du tort. C'est le dernier de leur souci puisqu'ils n'ont qu'un seul credo, eux-mêmes.

Il est souvent difficile de faire la différence entre un *manipulateur* et une personne charmante, car souvent les *manipulateurs* sont de grands séducteurs. Il ne faut pas confondre un *manipulateur* avec un fin stratège ou quelqu'un de persuasif ou convaincant. Il y a manipulation quand il y a MENSONGE, TROMPERIE et un PERDANT.

Comment les manipulateurs vous volent-ils votre énergie

Le *manipulateur* ne se contente pas de vous prendre des parcelles de votre énergie comme le font les *victimes* et les *bulldogs*. À côté du *manipulateur*, ces personnes sont de vraies aubaines! Non, le *manipulateur*, lui, vous met carrément à son service, sans vous payer toutefois. Il vous convaincra de faire un tas de choses pour lui, se servira de votre maison, de votre voiture, de vos relations, de vos amis et surtout de vous pour obtenir ce qu'il veut.

J'ai identifié six indices qui vous signaleront que vous êtes en présence d'un *manipulateur*. Dès que vous sentez un malaise dans une relation, observez si vous y retrouvez ces indices. Si vous cumulez les six, le diagnostic «*manipulateur*» s'impose.

Six indices pour déceler si vous êtes en présence d'un *manipulateur*

1. Vous vous sentez tantôt au ciel, tantôt en enfer, comme si vous évoluiez sur des montagnes russes;

2.   Vous captez des messages contradictoires de la part de cette personne;

3.   Vous commencez à être obsédé par elle;

4.   Vous parlez souvent de cette personne à d'autres;

5.   Vous vous sentez de plus en plus déçu à son égard, mais sans toutefois vouloir y croire;

6.   Vous constatez que plusieurs autres personnes éprouvent les mêmes problèmes que vous avec cette personne.

Si vous reconnaissez ces six indices dans une relation, vous êtes en présence de DRACULA.

POUR LIMITER VOS PERTES D'ÉNERGIE AVEC UN *MANIPULATEUR*

Mon conseil le plus judicieux si vous êtes en présence d'un *manipulateur* est de FUIR, le plus vite et le plus loin possible. Cet individu est un gouffre d'énergie, il ne vous aime pas et ne vous respecte guère non plus. Il ne veut que vous utiliser. Le plaisir, oubliez cela; il n'y en a que pour lui.

Puisque ce livre se concentre d'abord et avant tout sur le plaisir, je ne veux ni consacrer trop d'espace aux manipulateurs, ni vous faire vivre trop de déplaisirs en soulevant davantage cette question. Cependant, il existe d'excellents ouvrages sur le marché qui traitent de ce sujet, consultez la bibliographie à la fin de ce livre.

Si vous avez dans votre vie un *manipulateur* qu'il vous est difficile de fuir, achetez ces livres, lisez-les, étudiez-les. Sollicitez l'aide de professionnels, en psychologie ou en droit s'il le faut, mais cherchez à tout prix à vous sortir de ses griffes. Votre bonheur et votre santé en dépendent. Mais en attendant, voici quelques suggestions.

1- Faites le deuil de vos illusions

Les choses merveilleuses que cette personne vous fait miroiter n'arriveront jamais. Alors acceptez de regarder la situation dans toute son horreur et faites le deuil de vos illusions. Cessez de refuser la réalité, hurlez votre colère et pleurez toutes les larmes de votre corps s'il le faut, mais faites le deuil de vos illusions face à cette personne.

2- Identifiez ses tactiques préférées

Revoyez dans votre esprit les scènes où cette personne vous manipulait et comment elle s'y prenait. Identifiez ses tactiques préférées. Normalement, elle a deux ou trois tactiques préférées, car ce sont celles qui fonctionnent le mieux avec vous.

3- Armez-vous pour faire face à ses techniques de manipulation

Ses techniques de manipulation identifiées, trouvez des façons de ne pas tomber dans ces pièges la prochaine fois. Préparez-vous des répliques, accumulez des preuves de ses contradictions, armez-vous pour lui répondre, mettez au point votre plan de résistance.

4- Préparez-vous mentalement

Si vous ne vous sentez pas assez fort, pratiquez mentalement vos répliques ou les gestes que vous prévoyez poser. Commandez à votre subconscient – dès le moindre indice de manipulation – de vous souffler les bons mots ou les bons gestes à effectuer.

5- Confrontez la personne

Si vous en avez le courage et que vous êtes déterminé à vous rendre jusque-là, il reste la confrontation en bonne et due forme avec preuves et témoins à l'appui. C'est beaucoup de travail et beaucoup d'énergie, je ne vous le recommande pas. Au contraire, si vous pouvez vous éviter ce déplaisir, faites-le. Du moins, avant de vous engager dans une telle galère, évaluez à l'avance ce que cette confrontation pourra vous apporter. Si la compensation est minime, passez à autre chose et occupez-vous de votre bonheur, cette personne vous a déjà beaucoup trop pris. Ne laissez pas votre colère ou votre esprit de vengeance vous priver encore davantage de votre sérénité.

Quatrième partie

Comment augmenter
vos plaisirs

Quatre étapes pour augmenter vos plaisirs

Vous savez maintenant comment diminuer vos déplaisirs et vous défendre contre les vampires d'énergie. Vous maîtrisez désormais mieux vos pertes d'énergie. Voyons enfin comment vous y prendre pour augmenter vos plaisirs. Nous le ferons en quatre étapes que vous pourrez intégrer graduellement dans votre vie.

Méthode en 4 étapes pour augmenter vos plaisirs

1. Observez ce qui vous fait plaisir;
2. Décidez de vous accorder plus de plaisirs;
3. Planifiez vos plaisirs;
4. Devenez un «plaisir ambulant».

Chapitre X

Observez ce qui vous fait plaisir

Quand nous pensons plaisir, nous pensons souvent à de grands plaisirs, des plaisirs qui coûtent cher ou qui dépendent d'autres personnes. La plupart des gens peuvent très rapidement faire la liste de toutes sortes de petites choses qui leur tapent sur les nerfs, mais éprouvent plus de difficulté à énumérer ce qui leur fait plaisir.

Nous remarquons les petites choses agaçantes, mais nous avons du mal à apprécier les plus agréables. Pourtant, des milliers de petits plaisirs s'offrent à nous à tout instant, mais nous passons à côté sans les cueillir car nos yeux sont rivés sur les déplaisirs. Au fond, c'est peu logique d'attendre que des plaisirs plus importants surviennent pour être heureux et de nous énerver pour des insignifiances.

En fait, nos journées entières sont parsemées de petits faits et gestes agréables qui pourraient augmenter notre énergie si seulement nous leur accordions un peu d'attention. Impossible de jouir d'une jolie toile si nous ne la regardons pas ou d'apprécier un succulent repas si nous ne prenons par le temps de le déguster. Pour devenir plus attentif aux multiples plaisirs qui s'offrent à vous, vous devez changer vos lunettes, changer vos filtres.

Supposons que je vous demande d'aller vous promener dans le corridor et de noter tout ce que vous voyez qui est *bleu*. Vous vous installerez un filtre dans la tête et ne serez attentif dès lors qu'à tout ce qui est *bleu*. Mais présumons qu'au retour je vous demande de m'énumérer tout ce que vous avez vu de *jaune*, vous serez pour le moins très embêté. Votre filtre étant programmé pour ne déceler que le bleu, vous aurez du mal à vous souvenir de ce qui était *jaune*, car vous ne l'aurez probablement pas remarqué. C'est la même chose en ce qui concerne vos plaisirs. Si vous entretenez la pensée que la vie recèle plus de déplaisirs que de plaisirs, vous remarquerez davantage les déplaisirs et vous conclurez que la vie n'est pas très drôle.

Pour être plus heureux, agissez de façon contraire à la plupart des gens

Pour intégrer plus de plaisirs dans votre vie, vous devrez délibérément rechercher tous les plaisirs, grands ou petits. Il s'agira en fait d'être à l'affût de tous ces moments de plaisir, de toutes ces petites joies qui peuvent ensoleiller votre journée. Il s'agira peut-être du coup de fil d'un ami, d'un magnifique lever du soleil, de l'écoute attentive d'une chanson que vous aimez à la radio en vous laissant imprégner par la mélodie, de siroter votre café les yeux fermés plutôt que de l'avaler à toute vitesse en enfilant votre manteau, etc.

Prendre le temps d'observer et de vous laisser pénétrer par ce qui vous fait plaisir est une étape essentielle pour augmenter vos plaisirs. Au début, vous trouverez cela insipide car, d'une certaine façon, nous sommes tous des «drogués» à la recherche de sensations fortes. Certains d'entre vous êtes peut-être surpris à l'heure actuelle de me voir vous proposer de prendre plaisir à de petites choses. Vous auriez peut-être souhaité plutôt une recette pour être en extase 24 heures sur 24. Mais là n'est pas le secret du bonheur.

Rechercher sans cesse les extrêmes vous amènerait à vivre parfois de grandes joies, mais aussi de grandes peines. Vivez plutôt les petits moments de plaisir avec sérénité, arrêtez-vous quelques secondes simplement pour en prendre conscience et pour en jouir. Vous verrez qu'au bout d'un certain temps, votre vision de la vie sera plus optimiste et votre énergie plus abondante. De plus, cela vous permettra d'aborder les situations de déplaisir beaucoup plus calmement et avec davantage de philosophie.

Cette façon délibérée de rechercher les petits plaisirs est intimement liée à votre prise de décision d'être heureux. En cessant d'attendre les grands plaisirs, vous collectionnerez peu à peu toutes sortes de petites joies et cela fera autant de dépôts cumulés dans votre compte en banque d'énergie. Et si un énorme déplaisir survenait, vous ne vous retrouveriez pas dans le rouge, car vous auriez assez d'énergie pour y faire face.

Pour être plus heureux, agissez de façon contraire à la plupart des gens: Jouissez de chaque petit plaisir qui se présente et attendez pour vous énerver que cela en vaille vraiment la peine. Et si vos canaux neurologiques sont trop habitués à ne voir que les déplaisirs, voici quelques suggestions pour commencer à apprécier davantage les plaisirs tout simples de la vie.

Trouvez-vous des modèles de plaisir

Afin de mieux connaître et de préciser davantage vos goûts, soumettez-vous à diverses expériences. Pour commencer, cherchez parmi vos amis ou vos connaissances une ou deux personnes dont vous enviez la joie de vivre. Une fois ces personnes repérées, essayez de découvrir les choses qu'elles apprécient dans la vie. Écoutez-les parler, observez-les, questionnez-les et tentez de savoir ce qui les fait vibrer, ce qu'elles apprécient dans les activités qu'elles font. Par exemple, quelqu'un dans votre entourage se passionne-t-il pour la cuisine, les vins, les fromages, fait son propre pain ou adore découvrir de nouveaux restaurants? Demandez-lui de vous parler de sa passion.

Avez-vous autour de vous des sportifs qui font du ski, des randonnées en montagne, du patin à roues alignées, du parapente? Une de vos connaissances collectionne-t-elle des cristaux, des outils anciens, des timbres, des drapeaux, des cuillers, des œufs, etc.? Si oui, demandez à cette personne de vous parler de sa collection. Vous en aurez pour des heures à découvrir tout un monde à travers cette lunette de collectionneur, car chaque objet possède son histoire, son époque, sa vie propre.

Connaissez-vous quelqu'un qui fait la tournée des marchés aux puces et qui y déniche des trésors à bon marché? Peut-être aussi y a-t-il un mordu de bridge, d'échecs, de Scrabble, de mots croisés, etc. Vous comprenez bien mon idée? Même si ces activités ne vous attirent pas de prime abord, laissez-vous séduire et animer par la passion d'une autre personne pour cette activité.

Allez, laissez-vous «contaminer» par son plaisir et essayez certaines de ces occupations. Ne dites pas «non» avant d'avoir au moins essayé et ne vous attendez pas d'aimer cela dès le début.

Expérimentez cette activité par vous-même ou encore demandez à quelqu'un de bien vouloir vous initier. Donnez-vous la chance de vous laisser apprivoiser. En vous accordant cette période de familiarisation, vous utilisez l'une des phases de créativité dont je vous ai parlé un peu plus tôt, c'est-à-dire recueillir des idées. Le but est donc d'envisager une multitude d'idées et non de faire un choix hâtif. Explorez, jouez et tolérez cette période d'inconfort propre à la recherche créative d'idées. Vous verrez, le résultat peut être fantastique, mais encore faut-il vous donner du temps et accepter de vivre cet inconfort passager.

Essayez de nouvelles activités

Si vous connaissez peu vos goûts, que votre personnalité n'est pas encore vraiment affirmée ou que vous êtes davantage habitué à être au service des autres qu'à vous faire plaisir, ne vous attendez pas à être spontanément attiré par ces activités. Vous vous sentirez probablement étrange et gauche au début, mais persévérez et accordez-vous la chance de mieux connaître ces plaisirs potentiels.

J'ai par exemple deux amies qui adorent s'occuper de leurs maisons. Toutes deux ont leur style très particulier et sont excellentes en matière de décoration et dans l'art de recevoir. C'est une vraie joie que d'être invité chez elles. De les observer m'a poussée à rechercher ce dont j'avais vraiment envie pour décorer ma maison. À travers cela, ma personnalité s'est affirmée et j'ai développé des façons très particulières de recevoir. Dorénavant, quand je lance une invitation, les gens s'organisent pour se libérer.

Ainsi, de m'être laissée inspirer par mes deux amies m'a fait ajouter de nouveaux plaisirs dans ma vie. Une autre de mes amies fait du théâtre amateur et à tous les ans je vais voir sa pièce. Je lui ai demandé ce qu'elle aimait vraiment dans cette activité dans l'espoir que ses explications fassent écho en moi et me donnent le goût de faire du théâtre à mon tour. Ce ne fut pas le cas mais je comprends maintenant mieux quel plaisir l'anime et suis plus en mesure d'apprécier le fruit de ses efforts et de son plaisir d'année en année.

Suivez des «cours de plaisir»

Pour découvrir de nouveaux plaisirs, différents domaines de loisir s'offrent à vous. Si vous êtes plutôt du genre pratique, suivez des cours de décoration intérieure, de couture, de tricot ou de céramique. Et pourquoi pas des cours de mécanique, de bricolage ou de construction? Vous aimez la bonne bouffe? Inscrivez-vous à des cours de cuisine thaïlandaise, française ou italienne. Devenez membre d'un club de dégustation des vins ou de gastronomie. Vous aimez communiquer et voyager? Abonnez-vous à une revue de voyage, suivez des cours de langue et recherchez les groupes où l'on vous propose des destinations qui font rêver.

Si vous êtes attiré par les arts, inscrivez-vous à des cours de peinture, d'aquarelle, d'histoire de l'art, d'histoire du cinéma ou d'histoire de la musique. Apprendre à observer les détails d'une œuvre et découvrir les événements de la vie de l'artiste pendant qu'il la créait est une façon d'apprécier davantage cet art. Vous pourriez aussi faire partie d'une association touchant à ces domaines et qui vous proposerait des expositions et des voyages reliés à cet art. Informez-vous au service des loisirs de votre ville ou dans les universités environnantes. Toutes ces organisations ont des programmes conçus spécifiquement pour votre plaisir.

Ou encore rêvez-vous depuis toujours de jouer d'un instrument de musique? Il n'est jamais trop tard pour commencer. Je connais quelqu'un qui s'est acheté un piano à l'âge de 45 ans et qui a suivi des cours pour apprendre à exploiter cet instrument magique. Cette personne rêvait depuis toujours de jouer du piano. Elle n'est pas devenue une virtuose, mais cela lui procure des heures et des heures de plaisir.

Si vous aimez bouger, apprenez le baladi, la danse sociale, le tango argentin. Les cours de danse constituent d'ailleurs un excellent endroit pour un homme désireux de rencontrer des femmes. Vous serez le héros de ces dames, car il y a toujours plus de femmes que d'hommes à des cours de danse et, de plus, vous deviendrez très populaire dans toutes les autres soirées. Suivez aussi des cours pour apprendre un sport : le ski, le deltaplane, la plongée sous-marine, le tennis, le golf, etc. Et cessez de penser qu'il est nécessaire d'exceller dans un sport pour l'apprécier.

Et il y a tout le domaine de l'informatique et l'univers Internet dont nous n'avons pas encore parlé. Suivez des cours et devenez habile à l'ordinateur ou pour surfer sur Internet. Si vous avez du temps, vous pourriez vous joindre à des groupes de discussion fort intéressants et échanger avec des gens à travers la planète. Concernant l'informatique et Internet, si vous n'êtes pas encore équipé côté ordinateur et que vous prévoyez en acheter un, considérez l'achat d'un ordinateur portatif. Ils coûtent deux fois plus cher il est vrai – et les mordus de l'informatique vous diront qu'ils ne sont pas aussi performants – mais si je me débrouille bien à l'ordinateur maintenant, c'est que j'ai toujours utilisé un portable.

C'est parce que j'ai pu me servir de mon ordinateur dans différents endroits et dans différentes positions que j'y ai consacré tant d'heures et fini par le maîtriser. Quand, à ma maison de campagne, je m'installe à l'ombre d'un sapin face au lac, l'ordinateur sur les genoux, je n'ai pas vraiment l'impression de travailler même si je suis à concevoir une conférence ou un cours. Ce livre ne serait probablement pas entre vos mains si j'avais dû m'enchaîner à mon bureau pour l'écrire. Oui, un portable coûte plus cher, mais combien plus de plaisir il vous procurerait si vous pouviez vous le permettre. Bon, voilà que je me suis encore emballée !

Cherchez-vous une passion

Ceux qui ont une passion sont heureux et celle-ci peut les allumer pendant des heures. Le monde des collections peut vous ouvrir un horizon infini de plaisirs. Des gens collectionnent les bibelots de toutes sortes, des éléphants, des billes, des coquillages, des modèles réduits, des gadgets de *La Guerre des étoiles*, des poupées Barbie, etc. Certains se passionnent pour les voitures anciennes et assistent à toutes les expositions à travers le pays. D'autres construisent des trains ou des avions miniatures et leur plaisir est sans fin. D'autres collectionnent les antiquités et parcourent des contrées entières, allant d'antiquaires en antiquaires.

Une collection qui vous passionne peut vous vacciner pour le reste de vos jours contre l'ennui.

Une autre grande source de plaisir, ce sont les animaux de compagnie. Non seulement peuvent-ils vous procurer beaucoup de plaisirs mais ils sont également une grande source d'amour et de chaleur. Les amateurs de chiens, de chats, de chevaux et d'oiseaux prennent un plaisir immense à jouer avec leur animal et à en prendre soin. Les animaux de compagnie peuvent faire énormément de bien à une personne seule, un enfant, une personne handicapée ou malade. Un animal de compagnie bien choisi peut non seulement faire du bien au moral de la personne, mais aussi à sa santé.

J'ai vu un reportage où on démontrait l'impact positif d'un animal de compagnie sur la pression sanguine d'une personne. Dans une pièce, les chercheurs ont installé une dame avec un instrument de prise de tension artérielle au bras. Cette personne était tranquillement assise et ne vivait donc pas une situation de stress. Sa tension artérielle était «normale» à ce moment-là. Quelques minutes plus tard, ils ont fait entrer le chien de cette dame, celui s'est élancé vers sa maîtresse et, pendant que les deux échangeaient leur joie de se retrouver, on voyait clairement à l'écran la pression sanguine de cette dame chuter de façon formidable. Le plaisir que lui procurait son animal avait fait baisser sa pression de façon drastique, soulageant ainsi son cœur et ses artères.

Évidemment, cela n'aura pas le même effet si vous avez peur des chiens, ce serait plutôt le contraire. Le succès de cette méthode réside dans le fait de choisir l'animal qui vous convient. Dans ce domaine, il existe d'ailleurs une nouvelle science, la zoothérapie. Il est important de trouver l'animal qui correspond le mieux possible à la personnalité et au style de vie de l'individu. De plus, pour que la relation avec l'animal soit longue et heureuse, le coup de foudre mutuel est fortement recommandé.

C'est pourquoi, si cette idée vous intéresse, ne vous jetez pas sans réfléchir sur le premier animal venu, faites-vous aider. Les animaleries ou des associations de zoothérapie qui existent un peu partout pourront vous aider à guider votre choix. Cela en vaut la peine car avoir un animal entraîne des responsabilités et ces chéris ont parfois leur petit caractère bien à eux qui peut vous faire damner de temps à autre. Il vaut donc mieux choisir soigneusement son animal. S'il répond à vos attentes, il ajoutera du piquant à votre existence et égaiera votre vie.

Et comme variante sur le thème «animal», il y a évidemment tous les plaisirs sexuels et sensuels dont je n'ai pas vraiment parlé mais que vous avez tous en tête depuis le début du livre, je sais. Une vie sexuelle épanouie peut avoir un impact encore plus grand sur votre santé qu'un animal de compagnie. Mais si vous n'avez pas de partenaire amoureux actuellement ou encore si votre partenaire vous diffuse son affection au compte-gouttes ou s'en sert comme moyen de chantage, il est réconfortant de savoir que Fido, lui, sera toujours content de se faire gratter les oreilles et qu'il ne lésinera pas sur ses démonstrations d'affection.

Et si vous êtes seul et que votre situation vous désole, cessez de jouer la *victime* et bougez! Il existe tellement de possibilités de nos jours. Sortez, demandez à vos amis de vous présenter de leurs amis, devenez membre d'un club de loisirs quelconque qui vous proposera des sorties, visitez les agences de rencontre sur Internet ou inscrivez-vous dans une agence de rencontre proche de chez vous, dont vous avez entendu parler. Pour terminer, souvenez-vous que le prince charmant ou le mannequin Claudia Schiffer ne viendront pas vous déterrer dans le fond de votre placard. Bougez!

Disséquez les plaisirs

Certains des plaisirs que je vous suggérais plus haut supposent un investissement d'argent de votre part, mais vous pouvez découvrir de nombreux plaisirs gratuits qui ne cherchent qu'à être cueillis et savourés. En observant votre quotidien sous différents aspects et en «disséquant» ce qui le compose vous pourrez découvrir plusieurs petits plaisirs.

Dans votre chambre à coucher, par exemple, est-ce que quelque chose vous fait plaisir? Votre lit est-il agréable et confortable, sent-il bon? Les draps, leur couleur et leurs motifs vous font-ils plaisir à regarder? La couleur des murs vous plaît-elle? Y a-t-il un cadre ou un bibelot que vous trouvez beau ou qui vous rappelle de bons souvenirs? Sur votre commode avez-vous un parfum qui vous plaît particulièrement? Avez-vous sur votre table de chevet la photo de quelqu'un qu'il vous fait plaisir de regarder? Avez-vous un lecteur de cassettes, de disques compacts ou un poste de radio qui vous permettent d'écouter des mélodies qui vous plaisent?

Dans votre penderie, disposez-vous de vêtements ou de chaussures que vous prenez plaisir à porter ou encore avez-vous un tiroir à souvenirs ou à photos? Si vous n'avez pas pu trouver quelque chose qui vous plaît dans cet environnement, je vous suggère d'aller vous acheter un petit quelque chose qui vous fera un peu plaisir et qui marquera le début d'un temps nouveau pour vous. Il n'est pas nécessaire que ça coûte cher, mais faites-vous au moins un petit plaisir. Aussi, pensez à repeindre vos murs d'une couleur agréable, car la couleur ainsi que la lumière influencent énormément notre humeur.

Dans votre cuisine, appréciez-vous certaines odeurs? L'arôme de votre café le matin vous plaît-il? Avez-vous essayé les cafés aromatisés au chocolat, à la vanille, aux amandes? Avez-vous pensé vous offrir une cafetière avec minuterie et vous laisser réveiller par la bonne odeur du café plutôt que par la sonnerie du réveil? Achetez-vous ou fabriquez-vous une jolie jarre à biscuits. Si lire le journal vous fait plaisir, pourquoi ne pas vous abonner à un quotidien et le lire en sirotant votre café le matin? Exigez cependant du livreur qu'il le laisse sur le pas de votre porte et non au milieu de votre terrain enneigé.

Le jogging est-il un plaisir pour vous? Levez-vous 30 minutes plut tôt et faites-le avant de commencer votre journée, si vous êtes un lève-tôt. Vous rêvez de tranquillité? Partez 15 minutes plus tôt de la maison et arrêtez prendre votre café dans une de ces chaînes où on vous le sert à un prix très abordable, petit-déjeuner compris. Si le matin s'avère toujours être une course folle, prévoyez au contraire quinze minutes de plus pour revenir à la maison le soir, juste pour le plaisir de prendre votre temps, d'arrêter pour faire du lèche-vitrines ou de marcher lentement. Quand on est épuisé et stressé, il est difficile de savourer la vie et d'y prendre plaisir.

Observez les plaisirs reliés à votre travail

À votre travail, privilégiez-vous la compagnie de quelqu'un que vous aimez particulièrement et avec qui vous pourriez établir des liens plus étroits? Pourquoi ne pas lui proposer d'aller manger ensemble? Apportez des croissants et offrez-lui de partager votre petit-déjeuner, apprivoisez cette personne. À votre poste de travail, y a-t-il quelque chose qui vous fait plaisir quand vous l'observez? Si votre réponse est non, que pourriez-vous y ajouter que vous trouveriez agréable à regarder au cours de la journée. Si on ne permet pas d'afficher des choses sur les murs dans votre lieu de travail, ayez un cadre portatif dans votre sac avec la photo de ceux que vous aimez.

Que pourriez-vous faire pour que le chemin du retour soit plus agréable? Enfiler des chaussures plus confortables vous permettrait peut-être de l'apprécier davantage. Une revue, un livre, une cassette à écouter pourraient-ils vous faire plaisir? Et vos soirées, comment pourriez-vous les organiser pour qu'elles soient davantage sources de plaisir?

Comment se passe votre arrivée à la maison? Les enfants vous accaparent-ils avant même que vous ayez eu le temps de déposer votre manteau? Commencez-vous à cuisiner le repas avec le sac à main encore sur l'épaule? Si oui, changez quelque chose dans ce scénario pour que votre arrivée à la maison ne ressemble plus à une agression mais bien à un plaisir. Les enfants ont faim et veulent vous raconter leur journée? Que pourriez-vous avoir déjà cuisiné au préalable pour les faire patienter pendant les dix minutes où vous les écoutez avant de vous accorder VOS propres dix minutes de décompression?

Votre conjoint vous accueille avec une tête d'enterrement? Ne lui répondez pas de la même façon. Gardez votre sang-froid, regardez-le dans les yeux et dites-lui un beau bonjour accompagné d'un sourire et d'un baiser. Reprenez le contact positif. Si au repas du soir votre famille et vous avez pris la mauvaise habitude de ne raconter que les choses désagréables de la journée, laissez-les se défouler pendant quinze minutes, mais ensuite demandez à chacun ce qui s'est passé de plaisant ou de drôle pendant leur journée.

Vous pourriez aussi décider de fermer la télévision pendant au moins 30 minutes lors du repas, car le téléviseur est le plus grand inhibiteur de conversation qui soit. Il y aura des protestations la première semaine, mais tenez bon et graduellement le plaisir viendra de vos conversations et non du téléviseur.

Accordez-vous votre petit plaisir quotidien

Assurez-vous qu'aucune journée ne se termine sans que vous ne vous soyez accordé au moins quinze minutes de plaisir. Prenez un bain à la chandelle, lisez au moins quelques pages de roman ou d'une revue, écoutez votre émission de télévision préférée en défendant à quiconque de vous déranger, «surfez» sur Internet, faites un petit cinq minutes «Crazy Glue», collez à votre conjoint pour quelques minutes de tendresse, qui sait? ces cinq minutes déboucheront peut-être sur quelque chose de plus élaboré...

Et si votre journée a été un véritable tourbillon et que vous n'avez pas eu une minute à vous, même si vous êtes très fatigué et qu'il est tard, prenez quand même ces quinze minutes pour vous faire plaisir. Ces moments de plaisir exerceront un effet plus positif sur votre énergie que quinze minutes de sommeil.

Et vos week-ends, comment se passent-ils? Sont-ils source de plaisirs ou uniquement une série d'obligations? Avant un week-end, faites la liste des activités au programme et demandez-vous lesquelles vous font plaisir. Si vous n'en trouvez aucune, il est urgent d'en trouver au moins une à réaliser. Pour certaines personnes, faire du rangement s'avère une véritable source de plaisir et le ménage peut être tout aussi agréable que de faire la cuisine. Voyez comment vous pourriez transformer une corvée en plaisir.

Plutôt que de cuisiner pour parer au plus urgent et en catastrophe tous les soirs, apprêtez des mets en grande quantité lors du week-end, en faisant participer vos enfants ou en écoutant votre musique préférée. Ou encore cuisinez avec une ou un ami. Tondez le gazon avec un copain ou un voisin pour rendre la chose plus agréable ou prenez tout votre temps pour aller faire laver votre voiture tant à l'intérieur qu'à l'extérieur.

Et que dire de tous les plaisirs des soins du corps, des massages, des bains flottants, des soins de la peau, des rendez-vous chez le coiffeur, etc. D'autre part, même si cela coûte un peu d'argent, faites-vous plaisir en vous offrant un nouvel accessoire bien assorti à l'un de vos vêtements ou en acquérant un nouveau gadget qui vous fait envie depuis longtemps, pour l'auto ou l'ordinateur.

Et même si vous habitez seul et passez votre samedi soir en solitaire, planifiez-vous un petit repas gastronomique, on en trouve sur le marché qui sont très bien préparés. Cependant, prenez le temps de choisir votre plat avec soin et faites-vous conseiller un nouveau vin pour rehausser la saveur de ces mets. De plus, vous méritez bien des chandelles et une jolie table même si vous mangez devant le téléviseur.

Riche de toutes ces idées, partez à la recherche de vos plaisirs et découvrez-en de nouveaux, mais le périple ne doit pas s'arrêter là, il faut maintenant décider de vous accorder plus de plaisirs.

Chapitre XI

Décidez de vous accorder plus de plaisirs

« Décider de s'accorder plus de plaisirs», quelle idée! Cela semble tellement évident. Même si ceci peut vous sembler une évidence, en y regardant de plus près, ce n'est pas le cas. Combien de livres avez-vous lus ou combien de cours avez-vous suivis débordant de bonnes idées avec lesquelles vous étiez tout à fait d'accord, mais que vous n'avez jamais mises en pratique. Pourquoi? La raison est toute simple, c'est que vous ne l'avez tout bonnement pas *décidé*. Eh oui, encore cette histoire de décision.

Le plaisir et le sentiment de culpabilité

En matière de plaisir, décider de s'accorder plus de plaisirs est une étape essentielle, car nous nourrissons souvent un conflit intérieur par rapport au plaisir. Maintes religions au cours des siècles ont incité les gens à voir le plaisir comme quelque chose de malsain. Pour cette raison, plusieurs personnes se sentent coupables de s'accorder du plaisir ou de prendre du temps pour elles-mêmes. Elles ont peur d'être perçues comme des êtres égoïstes.

D'ailleurs, c'est une constante dans mes séminaires. Quand je demande aux participants: *«Comment vous sentez-vous parfois quand vous prenez du temps pour vous-même et pour vous faire plaisir?»* Des salles entières répondent «COU-PA-BLES»; et quand je leur pose la question à savoir: *«Que craignez-vous que les gens pensent de vous si vous prenez du temps pour vous-même?»*, ils répondent aussitôt qu'ils redoutent d'être traités d'égoïstes. Et je reçois ce genre de réponses partout, que ce soit en Tunisie, en France, à Singapour ou au Québec. Malgré les différentes cultures, c'est le même sentiment de culpabilité qui habite les gens quand il s'agit de plaisir.

Cette idée qu'il n'est pas bien de penser à soi et de se faire plaisir étant très répandue, de là l'importance de *décider* de vous accorder plus de plaisirs. En prenant cette décision, vous harmoniserez les deux hémisphères de votre cerveau, l'un voulant que vous soyez toujours à faire des efforts et l'autre vous encourageant à toujours vous faire plaisir. Il faut rechercher à faire l'équilibre entre les deux.

D'autre part, vous ne serez pas plus heureux si vous êtes incapable de vous discipliner, et si vous ne poursuivez que le plaisir, votre vie manquera de discipline ou de défis et vos relations avec les autres en souffriront. Par surcroît, vous ne serez pas davantage heureux si vous ne faites que vous fouetter sans vous allouer de moments de détente. Les deux aspects vous sont nécessaires. À vous de voir lequel de vos deux hémisphères vous devez mettre en vedette à cette période-ci de votre vie pour créer l'équilibre.

Vous êtes la sentinelle de votre bonheur

Or donc, si vous êtes d'accord avec ce que j'ai énoncé depuis le début de ce livre, vous comprenez mieux maintenant que de prendre soin de vous-même vous permettra par la suite de mieux vous occuper des autres, si tel est votre désir. Car si vous faites toujours passer les autres en premier, croyant leur rendre service, vous serez à même de constater un jour que votre équation était inexacte. Tôt ou tard, vous leur ferez payer ce déséquilibre d'énergie.

En effet, vous oublier complètement au profit des autres n'est pas une bonne idée – même pas pour vos enfants. Il est certain qu'un parent doit donner beaucoup à ses enfants, et à tous les niveaux. Cependant, il faut leur apprendre aussi à développer leur propre autonomie afin qu'ils ne viennent pas constamment s'abreuver à l'énergie de leurs parents. Établir ses limites avec ses enfants est une excellente façon de sauvegarder son énergie personnelle et de maintenir des relations claires et harmonieuses avec eux. Prendre soin de vous-même, autant que vous prenez soin de votre conjoint contribuera à préserver également votre couple.

La sentinelle de votre bonheur, c'est vous! Vous êtes une personne généreuse? Tant mieux, la planète a besoin de gens comme vous. Néanmoins, n'oubliez jamais de vous donner à vous-même au moins autant que vous gratifiez les autres. Un illustre sage des temps anciens, Jésus-Christ, a dit: «*Charité bien ordonnée commence par soi-même*». Prendre soin de soi et s'accorder des plaisirs n'est peut-être pas une idée si nouvelle après tout!

Apprenez à exprimer vos besoins et vos déceptions

Nous avons vu précédemment que, dans nos relations avec les autres, nous sommes en constante négociation entre nos besoins et ceux des autres. Nos besoins n'étant malheureusement pas toujours en harmonie ou synchronisés avec ceux des autres, les conflits sont alors inévitables. Mais conflit ne signifie pas nécessairement dispute. Quand on entre en conflit avec quelqu'un, c'est simplement que les besoins de l'autre empiètent sur les nôtres, et tant que nous ne disons rien, l'autre personne continue.

D'ailleurs, même si cette personne empiète sur mes besoins, cela ne veut pas dire pour autant qu'elle a l'intention de ne pas me respecter ou de m'exploiter. C'est simplement qu'elle agit d'abord et avant tout dans son propre intérêt. À moi de lui exprimer maintenant si cela me convient ou non, mais je n'ai pas à la blâmer d'avoir pensé en priorité à elle-même.

Certains avanceront ici qu'il vaut mieux établir clairement nos attentes et nos limites dans nos relations avec les autres. C'est vrai en ce qui concerne le travail et tous les aspects importants qu'il faut bien prévoir, mais vous n'allez certainement pas passer un contrat écrit avec vos amis et votre conjoint avant d'accomplir toute chose. C'est bien sûr à l'usage que vous discernerez si ça fonctionne ou non, et si le bât blesse, vous devez en parler calmement, en épargnant aux autres vos hauts cris ou vos bouderies.

Si vous entretenez une relation avec une personne depuis un certain temps, vous êtes certes en mesure de dire si un déséquilibre se manifeste dans la satisfaction de vos besoins mutuels. Si vous avez toujours joué le rôle de la personne qui se plie aux désirs de l'autre, ce rôle ne vous convient peut-être plus maintenant. Non seulement avez-vous le droit de changer, mais vous pouvez aussi vous permettre de développer de nouveaux besoins. Si vous ne tenez plus à continuer de vous soumettre aux volontés des autres, il vous faut émettre votre opinion et expliquer comment vous aimeriez que les choses se passent dorénavant.

Apprendre à exprimer ses besoins et à mieux communiquer, cela s'apprend comme toute chose. C'est incroyable à quel point le fait d'apprendre à exprimer ses frustrations – simplement mais sans chercher à accuser – peut nous rendre la vie plus agréable. À preuve, des participants auxquels je donne des cours de leadership ou de travail d'équipe, me témoignent toutes les semaines combien cela a transformé leur vie, tant au travail qu'à la maison. Dire à quelqu'un que vous avez changé et que vous souhaitez que les choses se passent différemment désormais, n'est ni blessant ni menaçant, à condition que vous ne mettiez personne en accusation.

Prenez l'habitude de clarifier les choses régulièrement et vous verrez vos relations devenir beaucoup plus satisfaisantes. N'attendez pas que la marmite à pression explose. Faites connaître vos inconforts au fur et à mesure, c'est en somme l'équivalent de faire le ménage chaque semaine plutôt que de laisser s'accumuler la vieille poussière *ad vitam æternam*. La corvée sera beaucoup moins décourageante si vous la ramassez régulièrement.

Quels plaisirs déciderez-vous de vous accorder dorénavant dans votre vie?

Chapitre XII

Planifiez vos plaisirs

M aintenant que vous avez parcouru tout ce chemin en élimi-
nant le plus de déplaisirs possible, que vous avez appris à
exprimer vos besoins et à faire respecter vos limites, vous connaissez maintenant davantage vos plaisirs et vous avez décidé de
vous en accorder plus souvent. Wow! Ça promet! Mais il y a encore une chose qui menace vos plaisirs: ce serait de ne pas les planifier.

Planifiez votre temps et tenez votre agenda à jour

Un agenda ou un calendrier vide est la plus belle invitation à
dire oui à n'importe quoi. Pour vous empêcher de dire oui à tout,
tenez votre agenda à jour et assurez-vous que vous y réservez du
temps en priorité pour les projets qui vous tiennent à cœur. Inscri-
vez-y vos temps de déplacement afin de ne plus être toujours à la
course.

En outre, quand vous prenez rendez-vous avec quelqu'un,
assurez-vous de délimiter la plage horaire, le laps de temps alloué
à cette rencontre: fixez une heure précise pour le début et pour la
fin de cette entrevue. Ainsi, vous pourrez mieux planifier votre
temps et vous assurer de respecter vos priorités. Quand quelqu'un
vous sollicite ou vous propose une rencontre, demandez à la personne combien de temps sera nécessaire pour faire le tour du
sujet. Inscrivez ce laps de temps dans votre agenda *en dessinant un
bloc délimitant l'heure du début et l'heure de la fin* de cette rencontre.

De plus, en début de rencontre, rappelez à la personne
l'heure à laquelle vous aviez convenu de terminer et demandez-lui

si cela lui convient toujours. En faisant cela, vous ne vous sentirez pas mal à l'aise de mettre fin à l'entretien à l'heure prévue. En prenant l'habitude d'inscrire l'heure de la fin des rencontres, cela vous permettra de vous accorder des petits moments pour souffler un peu et d'y intercaler des petits plaisirs.

Prenez des rendez-vous avec vous-même

Ne laissez pas votre agenda devenir un instrument de torture en laissant les autres accaparer tout votre emploi du temps. Prenez des rendez-vous avec vous-même. Pour mener à bien certains projets ou accomplir certaines tâches, vous devez faire certaines choses seul. Si vous n'inscrivez dans votre agenda que les rendez-vous avec les autres, vous vous retrouverez immanquablement avec des miettes de temps à consacrer à vous-même, dans des circonstances où votre énergie ne sera probablement pas au mieux. Réservez-vous du temps de qualité pour accomplir ce qui contribuera le plus à l'atteinte de vos objectifs, qu'ils soient professionnels ou personnels.

Planifiez votre vie personnelle
autant que votre vie professionnelle

N'utilisez pas votre agenda qu'à des fins professionnelles, utilisez-le aussi pour planifier votre vie personnelle. Si vous ne gérez pas ces moments de façon aussi structurée que pour le travail, cela vous aidera quand même à ne pas perdre de vue vos objectifs d'équilibre de vie.

Planifiez vos plaisirs

Vous planifiez maintenant vos priorités dans votre agenda, vos plaisirs font partie de vos priorités à présent. Ils doivent donc trouver leur place dans votre agenda. Planifiez vos loisirs en début de semaine plutôt que d'attendre au jeudi ou au vendredi. Quand vous êtes très fatigué vous n'avez plus l'énergie de planifier quoi que ce soit.

Inscrivez également dans votre agenda ces petits plaisirs personnels que vous prévoyez vous accorder à vous-même. Une dame m'a dit qu'elle inscrivait sur des petits papiers les plaisirs qu'elle avait décidés de s'accorder et qu'elle collait ces feuillets sur son frigo. Qu'importe où vous inscrivez ces plaisirs, le principe consiste à les VOIR inscrits dans votre calendrier, votre agenda ou sur votre frigo, et chaque fois que vous verrez tel ou tel plaisir inscrit, vous en éprouverez de la joie. Vous aurez ainsi l'impression que votre temps est ponctué de petites oasis de plaisir.

Écrivez au crayon de plomb dans votre agenda

Si vous hésitez à inscrire des plaisirs dans votre agenda de crainte que quelque chose d'autre ne survienne au niveau du travail, prenez l'habitude d'écrire au crayon de plomb dans votre agenda. De cette façon, si une obligation survient vous pourrez effacer votre plaisir et inscrire votre obligation à la place. Mais n'oubliez pas de reporter à un autre moment ce plaisir que vous venez de gommer car vous vous le devez à vous-même. Si vous inscrivez ainsi vos plaisirs dans votre agenda, vous cesserez de vous oublier constamment.

«Droguée» aux cactus

Un jour, une participante a expliqué ce petit truc qui lui a permis de traverser une période difficile de sa vie. Elle et son mari travaillaient tous deux dans une métropole, l'un et l'autre pour une très grande entreprise. Ils possédaient une maison en banlieue et beaucoup d'amis. À cause d'une restructuration de l'entreprise du mari, le couple a dû accepter une mutation dans une autre ville, ce qui impliquait de vendre leur maison et de déménager. Cette dame y trouva un nouveau poste mais le travail en tant que tel était moins excitant et les locaux beaucoup moins spacieux que ceux de son ancien emploi.

Or, cette dame avait une passion pour les cactus. En face de son bureau, un modeste magasin vendait des petits cactus pour le prix d'une tasse de café. Voilà pourquoi elle projeta deux à trois fois par semaine d'aller s'acheter un cactus. La perspective de ce petit plaisir anodin lui faisait paraître ses journées et ses semaines moins longues. Elle ponctuait toutes ses semaines de ce menu plaisir. J'ignore combien de temps cela a duré et j'espère que son mari aimait aussi les cactus... Mais ils sont toujours ensemble aujourd'hui et cette participante affirme que cette stratégie des cactus lui a permis de passer à travers cette période moins facile de sa vie.

Et vous, quels plaisirs allez-vous maintenant inscrire à votre agenda? N'y a-t-il pas un ami que vous n'avez pas vu depuis trop longtemps? Pourquoi ne pas l'appeler maintenant et déterminer le jour et l'heure d'une rencontre? Et ce film annoncé dans les journaux, quand irez-vous le voir? Quand vous inscrirez-vous à ce cours de peinture ou à ce cours d'Internet? Planifiez vos plaisirs et réservez-vous la première place dans votre agenda. Peu à peu votre vie deviendra beaucoup plus agréable et votre énergie s'en portera beaucoup mieux.

Chapitre XIII

Devenez un «plaisir ambulant»

Si vous avez du plaisir dans la vie, c'est très bien car vous accroîtrez ainsi votre énergie, vous serez plus heureux et augmenterez vos chances de réaliser les projets qui vous tiennent à cœur. Mais ne serait-il pas génial si par surcroît cette nouvelle philosophie vous aidait à attirer les gens et à devenir une personne magnétique dont on recherche la compagnie, que l'on souhaite avoir comme ami, comme amoureux, comme partenaire d'affaires, comme employé, comme gestionnaire, fournisseur ou représentant des ventes, comme parent, voisin ou conjoint? Ne serait-il pas merveilleux si votre plaisir de vivre attirait les gens à vous comme si vous étiez un aimant? Tout cela est possible si vous travaillez consciemment à accroître votre magnétisme et si vous vous appliquez à faire rayonner votre joie de vivre et à procurer du plaisir aux autres.

Toute votre vie pourrait devenir plus facile si les gens trouvaient votre compagnie plus agréable. Il y aurait alors dans votre cercle de connaissances des gens susceptibles de vous aider dans toutes sortes de domaines: pour dénicher un emploi, pour louer une maison au bord de la mer, pour découvrir le meilleur spécialiste afin de faire soigner votre fille; pour obtenir des billets pour une pièce de théâtre jouée à guichets fermés, pour trouver une *baby-sitter* pour vos enfants, une secrétaire ou un publiciste, ou pour vous acheter une voiture à meilleur prix. Un réseau riche et étendu de contacts est à la base du succès de plusieurs. Jamais nous n'avons entendu parler de grandes fortunes, de grandes entreprises ou de carrières politiques qui se seraient construites seules sans un vaste réseau de contacts, de connaissances et d'amis.

Décidez de devenir un «plaisir ambulant»

Afin que vous réalisiez vos projets quels qu'ils soient, il est important que l'on recherche votre compagnie. C'est la raison pour laquelle je vous propose de devenir un «plaisir ambulant», d'abord pour vous-même et ensuite pour les autres. Mais comme je l'ai déjà mentionné à plusieurs reprises au cours de ce livre, si vous voulez que quelque chose se réalise, vous devez d'abord le décider et non simplement le souhaiter. Si l'idée vous séduit, décidez alors que vous deviendrez dans quelque temps un «plaisir ambulant». Même si cela peut vous paraître saugrenu, c'est en quelque sorte ce que plusieurs personnages ayant marqué l'histoire ont.fait: ils ont appris à susciter la sympathie des gens. Mais avant d'obtenir ce résultat, vous devez préalablement vous assurer que vous n'êtes pas un déplaisir pour les autres.

> ## ASSUREZ-VOUS QUE VOUS N'ÊTES PAS UN DÉPLAISIR POUR LES AUTRES NI UN VAMPIRE D'ÉNERGIE

Sans vous en rendre compte, il se peut que vous ayez des comportements qui repoussent les gens. La plupart du temps, ceux-ci se contenteront de s'éloigner de vous sans vous dire ce qui leur déplaît. Alors, vous devrez faire vous-même votre examen de conscience pour savoir si vous êtes un déplaisir pour les autres ou pire, un vampire d'énergie.

Si tel est votre cas, vous avez probablement constaté que les gens ne recherchent pas votre compagnie autant que vous le souhaiteriez et que vos relations interpersonnelles sont ponctuées de quelques tensions. Les gens déclinent-ils fréquemment vos invitations? Vous laissent-ils tomber à la dernière minute? Lorsque vous parlez, regardent-ils ailleurs, soupirent-ils ou consultent-ils leur montre? Si oui, ce sont là des signes que les autres ne prennent pas vraiment plaisir à votre compagnie et que votre magnétisme aurait intérêt à être accru. Voici quelques questions qui vous seront utiles pour faire votre petit examen et pour détecter si vous avez des comportements qui vous rendent antipathique.

Autodétecteur de comportements vampirisants

Critiquez-vous souvent les autres et cherchez-vous la bête noire en toute chose? Jugez-vous facilement les gens, vous sentant supérieur à eux la plupart du temps? Accusez-vous souvent les autres d'agir de certaines façons sans avoir pris soin au préalable d'examiner si vous ne faites pas vous-même ce que vous leur reprochez? Avez-vous tendance à vous vanter de vos exploits sans toutefois voir les succès des autres?

Si quelqu'un parle de ses réussites, vous sentez-vous obligé d'y mêler le concert de vos propres exploits pour vous mettre en valeur? Quand vous voulez que quelqu'un fasse quelque chose pour vous, avez-vous tendance à imposer votre point de vue pour obliger la personne à agir comme vous le voulez? Pour convaincre une personne, insistez-vous et essayez-vous de la persuader tant et aussi longtemps que vous n'avez pas gagné votre point?

Quand quelqu'un détient quelque chose que vous souhaiteriez avoir vous-même, que ce soit un succès ou une situation, l'enviez-vous au point de lui souhaiter de perdre ce qu'il a, ou bien vous jurez-vous à vous-même de le dépasser un jour? Quand d'autres personnes font valoir un point de vue différent du vôtre, acceptez-vous très difficilement cette autre façon de voir les choses?

Lors de conversations avec d'autres personnes, trouvez-vous difficile et même ennuyeux de les écouter, avez-vous hâte qu'ils finissent de parler pour donner votre point de vue que vous croyez être le seul valable? Quand quelqu'un parle, lui coupez-vous souvent la parole, regardez-vous ailleurs ou vous laissez-vous distraire par une personne ou un événement étrangers à la conversation? Vous plaît-il de mettre les autres mal à l'aise ou de les faire se sentir coupables?

Piquez-vous fréquemment des colères et dites-vous leurs quatre vérités aux gens, qu'ils soient de votre entourage immédiat ou des étrangers? Vous arrive-t-il régulièrement d'amener des gens à faire certaines choses contre leur gré ou sans qu'ils n'en soient réellement conscients – le genre de choses qui servent davantage vos propres intérêts que les leurs?

Vous plaignez-vous souvent de situations ou de certaines personnes sans pour autant faire quoi que ce soit pour changer les choses? Parlez-vous dans le dos des gens et colportez-vous des commérages avec plaisir? Quand quelqu'un vous rend service, considérez-vous cela comme un dû et croyez-vous qu'il est inutile ou superflu de remercier cette personne? Vous arrive-t-il souvent de bouder mais sans faire l'effort de dire clairement pourquoi vous n'êtes pas content?

Faites-vous continuellement des gaffes sans vraiment prendre les moyens de vous corriger? Êtes-vous habituellement le genre de personne qui ne parle pas, ne sourit pas et ne regarde pas les gens dans les yeux? Mentez-vous régulièrement parce que vous n'avez pas le courage de vos idées ou de vous affirmer?

Vous arrive-t-il souvent de monopoliser l'attention des gens en vous obstinant dans une idée, ou encore en racontant vos récents malheurs ou la dernière offense que quelqu'un vous a faite? Faites-vous souvent de l'humour en racontant sans cesse des histoires ou en tournant certaines personnes en ridicule, tout en sachant pertinemment que cela en énerve plusieurs autour de vous? Aimez-vous être sarcastique?

Quand vous entrez dans un endroit public tel que le métro, un cinéma ou un restaurant, vous sentez-vous automatiquement à l'aise de prendre la meilleure place? Parlez-vous ou riez-vous fort, ou encore faites-vous d'autres bruits sans tenir compte des autres personnes? Vous arrive-t-il fréquemment d'emprunter des objets appartenant à d'autres personnes ou d'utiliser leurs locaux sans leur demander au préalable la permission? Votre apparence physique est-elle le dernier de vos soucis et considérez-vous que votre hygiène corporelle est quelque chose qui ne regarde que vous?

Si vous avez répondu oui à quelques-uns uns de ces points, il se peut que vous soyez un déplaisir pour des gens, et si vous avez répondu oui à *plusieurs* de ces points, vous êtes probablement un vampire d'énergie qui s'ignore. Pour vous classer dans cette catégorie, il faut cependant que vos comportements négatifs soient *fréquents* et non simplement occasionnels. À vous de juger.

Si votre attitude se fait l'écho de certains de ces comportements négatifs, vous voudrez sans doute vous appliquer à les corriger. Je vous propose de ne pas en faire une obsession et de vous concentrer plutôt à mettre en pratique les suggestions qui suivent. Sans même vous en rendre compte, les comportements positifs pourraient alors s'installer graduellement et vous deviendrez un véritable «plaisir ambulant».

Les suggestions sont nombreuses et, si vous le voulez, cela peut vous occuper pendant les dix prochaines années. Mais évitez de vous décourager et ne considérez pas ces suggestions comme une liste d'obligations, cela gâcherait votre plaisir. Choisissez plutôt la technique que l'on utilise pour manger un éléphant : une bouchée à la fois...

Examinez ces idées, choisissez en une qui vous plaît particulièrement et qui vous «énergise», puis, décidez de la mettre en application. Au bout d'une semaine ou deux, ouvrez de nouveau ce livre et choisissez une autre idée au hasard... Puisqu'il n'y a pas de hasard, votre subconscient vous guidera vers l'idée ou vers la page dont vous aurez le plus besoin à ce moment-là. Bon plaisir !

DEVENEZ UN PLAISIR POUR VOUS-MÊME

Pour devenir un plaisir pour les autres, appliquez-vous d'abord à devenir un plaisir pour vous-même. Être satisfait de vous-même et de votre vie est très important pour votre rayonnement ; cela augmentera votre pouvoir magnétique et vous évitera d'envier les gens qui réussissent autour de vous. Pour être plus satisfait de votre vie, faites, si ce n'est déjà fait, les exercices du début du livre.

Prenez le temps de dresser la liste des choses qui ne vous plaisent pas dans votre vie et que vous aimeriez éliminer ou changer. Ajoutez à cette liste les choses que vous rêvez de faire et une description détaillée de la personne que vous rêvez de devenir. Décidez ensuite de prendre les moyens pour réaliser ce qui vous tient à cœur.

Faites-vous des plans d'action-plaisir

Si vous avez identifié des rêves, des projets ou des attitudes que vous désirez changer, ne les modifiez pas au hasard; faites-vous un plan d'action pour chacun de ces projets. Cependant, ne faites pas de plans trop compliqués. Les plans d'action que je privilégie ne comportent que cinq étapes simples, étapes que vous pourrez par la suite décortiquer en mini sous-actions. Mais faites en sorte que ces actions soient assez petites pour que vous puissiez en accomplir au moins une par jour. Ne peinez pas sur votre plan d'action, évitez que celui-ci ne devienne un déplaisir. Un plan d'action qui est un fardeau sur vos épaules n'est pas un bon plan car un bon plan d'action devrait vous dynamiser, vous «énergiser» et vous faire plaisir.

Visualisez vos succès et dégustez-les à l'avance. Les livres sur la pensée positive sont d'excellents outils dans ce sens: ils vous encourageront et vous montreront comment vous y prendre. À cet effet, vous pourriez aussi lire mon prochain ouvrage *Réussir votre vie par le plaisir* (titre provisoire) que je publierai sous peu aux éditions Un monde différent.

Cessez de vous critiquer

Pour éprouver plus de plaisir avec vous-même, cessez de vous critiquer et de vous taper sur la tête. Arrêtez aussi de vous obliger à faire sans cesse des choses qui ne vous plaisent pas, ne prenez plus le sort du monde sur votre dos. Décidez donc qu'à partir de maintenant vous demeurerez la plupart du temps calme et serein. Cessez de vous inquiéter de tout. Selon Dale Carnegie, 80 % des choses pour lesquelles nous nous inquiétons n'arrivent jamais... Que de temps et de plaisirs perdus à vous angoisser inutilement pour des choses qui n'arriveront pas!

Ayez une apparence-plaisir

Décidez dès maintenant d'avoir une apparence plus agréable. Faites l'inventaire de ce qui ne vous plaît pas dans votre allure et, sans vous décourager, prenez les choses une à une et décidez d'y remédier. Si votre coiffure ne vous plaît pas, observez les personnes qui ont une tête intéressante et faites des essais.

Demandez-leur le nom de leur coiffeur ou trouvez-en un qui saura vous écouter et vous conseiller, un coiffeur qui vous aidera à tirer le meilleur parti de vos atouts. Ne vous laissez pas imposer une image à la mode qui ne vous convient pas, donnez-lui des instructions précises. Mais si votre tête devient pour lui un champ d'expérimentation sans égard pour votre personnalité, changez de coiffeur.

Recherchez également quelle image vous désirez projeter sur le plan vestimentaire. S'il le faut, faites-vous conseiller par quelqu'un de votre entourage qui a du goût pour s'habiller, et demandez-lui de vous aider à trouver le style et les couleurs qui vous conviennent le mieux. Encore une fois, faites des essais jusqu'à ce que vous trouviez un style vestimentaire qui vous mettra en valeur. Vos vêtements et votre coiffure doivent être des écrins qui mettent en relief vos meilleurs atouts.

Prenez également soin de vous-même et de votre santé. Accordez-vous suffisamment de sommeil, mangez mieux et buvez beaucoup d'eau car la clef de votre apparence est intimement liée à votre degré de fatigue et à votre façon d'éliminer les toxines. Dormir suffisamment et boire beaucoup d'eau sont les secrets de beauté des plus grands mannequins.

Soyez fier de vous-même

Plutôt que de ne relever que les défauts de votre personnalité, dressez une liste de vos qualités. Comptabilisez aussi vos bons coups même s'ils ne sont pas aussi nombreux ni aussi éclatants que vous le souhaiteriez, et félicitez-vous de ce que vous avez réussi à accomplir jusqu'à maintenant. Soyez fier de vous-même et de vos réalisations sans toutefois vous enorgueillir.

L'orgueil est un trait de caractère particulièrement négatif car il consiste à abaisser les autres pour se valoriser. L'orgueilleux ne laisse pas de place à la réussite des autres. Par contre, la fierté est un sentiment très positif car elle consiste à être content de soi-même et de ses réussites sans chercher à se comparer aux autres. Soyez fier de ce que vous êtes et applaudissez au succès des autres.

Si vous avez identifié en vous des attitudes ou des comportements nuisibles, plutôt que de vous blâmer, concentrez votre énergie sur les attitudes et les comportements plus positifs que vous voudriez leur substituer. Vous pouvez beaucoup changer votre personnalité si vous le désirez et si vous vous en donnez le temps. Lisez les biographies de grands personnages pour découvrir leurs faits et gestes, et prenez exemple sur eux.

Ayez des matins-plaisir

En général, nos journées se terminent comme elles ont commencé; alors, faites donc un petit effort pour qu'elles débutent bien. Dès le réveil, entretenez des pensées-plaisir. La tête encore sur l'oreiller, prenez conscience de l'expression de votre visage. Si des pensées de déplaisir crispent votre figure et froncent vos sourcils, chassez ces pensées et remplacez-les par des pensées-plaisir. Celles-ci modifieront instantanément vos émotions et votre énergie, et vous passerez une journée beaucoup plus agréable.

Si aucune pensée-plaisir ne vous met de bonne humeur, agissez à l'inverse: souriez pour vous mettre de bonne humeur! Plaquez un sourire sur votre visage et conservez-le tant et aussi longtemps que la vraie bonne humeur ne s'y installera pas. Si vous trouvez l'idée bizarre, essayez-la quand même. En anglais, la phrase suivante rend bien cette idée: «*Fake it untill you make it*». «Faites semblant jusqu'à ce que ce soit vrai.» Cette tactique a merveilleusement fonctionné dans mon cas et pour plusieurs autres personnes, pourquoi ne serait-ce pas la même chose pour vous? Personnellement, je préfère de beaucoup un sourire forcé à un air bête sincère!

Quand vous vous regardez dans la glace le matin, plutôt que d'avoir un mouvement de recul et de vous faire la grimace, regardez-vous dans les yeux et souriez-vous. Imaginez aussi que vous avez un soleil au milieu de la poitrine, un soleil qui peut rayonner et répandre sa chaleur à toutes les personnes que vous rencontrerez pendant la journée. Organisez-vous une petite routine du matin: 1-2-3. Regardez-vous dans les yeux, souriez-vous, et «allumez» votre soleil. Vous observerez bientôt à quel point les gens réagiront plus positivement à votre nouvelle attitude. Car en général les autres nous renvoient le même air que nous leur faisons.

Pour être de meilleure humeur le matin, faites l'impossible pour éviter de trop courir car il est très difficile de garder le sourire sous l'effet d'un stress excessif. Prenez donc des précautions pour éviter la course contre la montre: levez-vous un peu plus tôt pour pallier les imprévus ou encore prenez le temps, la veille, de planifier brièvement votre journée. Avant de vous coucher, passez en revue votre horaire du lendemain et prenez des mesures pour que tout se déroule sans énervement et en toute sérénité.

Y aura-t-il une rencontre spéciale au bureau qui exigerait une tenue vestimentaire différente? Devez-vous vous arrêter faire le plein d'essence ou laisser des vêtements chez le teinturier? Votre enfant a-t-il besoin que vous le déposiez plus tôt à la garderie ou à l'école? Prendre le temps de planifier vous évitera bien des embûches et transformera vos matins en moments de plaisir. De plus, en vous rendant au travail, appréciez l'air frais, le soleil, le paysage. Le fait de vous énerver ou de vous impatienter ne fera pas disparaître les bouchons de circulation, mais si vous prenez quelques moments pour entretenir des pensées-plaisir, vous accélérerez votre course vers le bonheur.

En arrivant au travail, établissez un contact-plaisir avec vos collègues et dites à chacun un vrai «bonjour», accompagné d'un regard et d'un sourire. Si vous croisez un collègue à mi-journée et que vous réalisez que vous ne lui avez pas encore dit bonjour, dites-le-lui quand même. Prendre soin de dire «bonjour» aux gens avec lesquels on passe ses journées c'est comme ouvrir le guichet de la communication. Cela facilite les contacts, les échanges et la collaboration.

Faites de votre environnement physique le complice de votre plaisir

Vous êtes-vous déjà demandé pourquoi vous ne faites pas certaines choses que vous jugez pourtant essentielles à une meilleure qualité de vie ou à l'atteinte de vos objectifs? Vous croyez que vous manquez de volonté? C'est peut-être le cas. Mais il se peut aussi que ce soit votre environnement physique qui vous empêche de faire ces choses. Par exemple, vous aimeriez cuisiner davantage des repas maison plutôt que de servir des mets congelés ou en conserve. Cependant, vous ne trouvez jamais l'énergie de vous mettre aux fourneaux. C'est peut-être tout simplement parce que votre cuisine est mal organisée et que chaque geste que vous posez est à la fois un effort et un déplaisir. Prenez un peu de temps pour mieux disposer votre cuisine et le plaisir de mijoter des petits plats vous viendra peut-être plus fréquemment.

Vous aimeriez faire du ski plus souvent mais pour une raison ou pour une autre, vous n'en faites pas? C'est peut-être parce que vos skis sont dans le fond de votre remise et que, pour les en extraire, il vous faut presque faire des recherches archéologiques... Mettez vos skis dans le placard de l'entrée ou dans un endroit plus accessible et vous aurez peut-être davantage le goût d'en faire. Deux clients désireux de jouer davantage au golf ont constaté qu'ils jouaient vraiment plus souvent depuis qu'ils laissaient leurs bâtons dans le coffre arrière de leur voiture. Cessez de vous battre contre votre espace physique, organisez-le pour qu'il devienne le complice de votre plaisir.

Apprenez à avoir des plaisirs individuels

Jamais vous ne deviendrez un véritable plaisir pour vous-même si vous n'apprenez pas à jouir de certaines choses seul. Si vous constatez que vous avez de la difficulté à prendre plaisir à un repas en solitaire, que vous n'appréciez pas aller marcher seul, que vous avez toujours besoin d'être accompagné de quelqu'un pour aller faire des emplettes, que l'idée d'aller manger au restaurant ou d'aller au cinéma tout seul vous fait frémir, vous êtes par conséquent très dépendant de la présence d'autrui.

Si vous avez du mal à vous procurer des plaisirs par vous-même, cela signifie que les personnes de votre entourage ont un très grand contrôle sur vos plaisirs et sur votre énergie et, par conséquent, un très grand contrôle sur votre vie. Est-ce cela que vous voulez? Si les autres ont un immense contrôle sur votre vie et que vous ne changez rien à cette situation, vous aurez beaucoup de difficulté à dire non à des choses qui ne vous plaisent pas car vous aurez toujours peur de vous retrouver seul.

En outre, si pour refaire votre plein d'énergie après un gros déplaisir vous devez attendre que quelqu'un vous fasse un compliment, accepte de venir vous voir ou de faire une sortie avec vous, vous vous placez dans une position de très grande vulnérabilité et vous n'aurez que peu de contrôle sur votre énergie. Vous vous sentirez très souvent impuissant et parfois même en colère contre les gens qui ne voudront pas combler vos besoins. Pour devenir un véritable plaisir pour vous-même, vous devez apprendre à être bien, seul avec vous-même, et à combler vos propres besoins. Cela vous évitera aussi d'avoir besoin de contrôler les gens ou de les supplier pour qu'ils fassent des choses avec vous. Cette indépendance ajoutera beaucoup de souplesse et de liberté dans vos rapports avec les autres.

DEVENEZ UN PLAISIR POUR LES AUTRES

Entretenez à l'égard des autres des pensées-plaisir

Entretenez à l'égard des autres des pensées-plaisir. Évitez de juger et de critiquer les autres. Même si vous ne jugez pas ou ne critiquez pas à haute voix, les gens ressentent tout de même que vous le faites. Même si vous croyez que cela ne se passe que dans votre tête, il n'en est rien car tout votre corps est un poste émetteur qui communique vos émotions et vos pensées.

Et même si très peu de gens perçoivent ces choses consciemment, leur intuition les informe que vous entretenez ces pensées négatives à leur égard. Ils se sentent mal à l'aise en votre présence et, tôt ou tard, ont tendance à vous fuir ou à être agressif envers vous. Un petit indice. Si vos pensées concernant les autres contiennent souvent le mot «imbécile», c'est que vous entretenez des pensées négatives à leur égard et qu'ils le ressentent. Efforcez-vous de penser du bien de ceux que vous croisez, ils penseront également du bien de vous.

Cherchez délibérément des qualités aux gens

S'il vous est impossible d'aimer tout le monde, vous pouvez cependant être indulgent avec tous. Certes, il y a des manipulateurs et des exploiteurs dont vous devez vous méfier, mais tous les gens ne sont pas des vampires d'énergie et vous n'avez pas à devenir paranoïaque. Souvenez-vous que c'est le caractère *répétitif* du comportement d'une personne qui en fait un vampire d'énergie qu'il est préférable de fuir.

Mis à part ces personnes négatives, les autres sollicitent votre énergie simplement pour tenter de satisfaire leurs besoins. Il n'en tient qu'à vous de dire oui ou non. Mais ne prêtez pas de mauvaises intentions aux gens en général. Entretenez plutôt des attentes positives à leur égard et ils réagiront favorablement à celles-ci; de nombreuses recherches scientifiques le démontrent.

Aidez les gens à devenir un plaisir pour eux-mêmes

La tâche la plus difficile que chacun d'entre nous doive accomplir sur cette terre est d'apprendre à s'aimer et à s'apprécier soi-même. Par conséquent, si vous voulez devenir un plaisir pour les autres, aidez-les à s'apprécier eux-mêmes en cherchant à découvrir leurs qualités plutôt que leurs défauts. En faisant un petit effort et en vous accordant un peu de temps, vous verrez que votre esprit critique se transformera en esprit appréciateur et que vous trouverez de plus en plus de qualités aux personnes que vous côtoyez.

Et faites même encore davantage. Lorsque vous découvrez des qualités aux gens, dites-le aux personnes concernées. Dites-leur ce que vous appréciez en elles et énumérez quelles sont les qualités qui les distinguent. Nous voulons tous être une personne spéciale et unique. Aidez les gens à devenir un plaisir pour eux-mêmes et, par ricochet, ils vous apprécieront en retour et vous les attirerez comme un aimant.

Faites des compliments sincères

Les compliments sincères sont une excellente façon de faire plaisir aux gens. Toutefois, il nous arrive trop souvent de penser que l'autre personne sait déjà que nous l'apprécions et nous taisons alors le compliment que nous voulions faire, craignant de passer pour un flatteur intéressé. Dommage, car en restant silencieux vous privez deux personnes d'un grand plaisir, l'autre individu et vous-même. Des compliments *sincères* favorisent la communication entre deux personnes, encouragent les échanges et l'appréciation mutuelle. Alors, si vous trouvez jolie la couleur que porte votre collègue, dites-le-lui.

Votre conjoint a obtenu une mention à son travail? Félicitez-le. Le rapport d'un de vos coéquipiers est particulièrement clair et concluant? Faites-lui part de votre appréciation. Votre patron obtient une promotion? Dites-lui que vous êtes content pour lui. Ne lésinez pas sur vos marques d'appréciation et n'ayez pas peur de passer pour un flatteur; vous le seriez si vous n'étiez pas sincère. Mais si vous le pensez vraiment, votre compliment ira droit au cœur de la personne et celle-ci se le répétera souvent et le dégustera pendant longtemps, vous associant à ses pensées positives.

Soyez celui qui voit l'aspect positif et le plaisir en toutes circonstances

En situation de stress, soyez celui qui oriente les esprits vers des solutions. Évitez de dramatiser et d'amplifier le problème et ne devenez pas le colporteur des mauvaises nouvelles. Faites le contraire: gardez plutôt votre calme, cherchez le positif dans toutes circonstances et utilisez l'humour pour dédramatiser les situations. Vous serez surpris de votre impact auprès des gens et combien on recherchera votre présence positive, agréable et énergisante.

Faites plaisir aux gens en leur disant «merci»

Beaucoup de gens considèrent que tout leur est dû. La politesse et les bonnes manières semblent trop souvent céder la place à la grossièreté et à l'arrogance. Par exemple, certains patrons considèrent qu'ils n'ont pas à témoigner de la reconnaissance à leurs employés car ils leur paient un salaire. Des conjoints tiennent pour acquis les gentillesses que l'autre a pour eux et en demandent toujours plus. Des amis s'habituent aux attentions prodiguées par les uns et les autres et omettent d'exprimer leur appréciation.

Si vous voulez devenir un plaisir pour les gens, faites du mot «merci» l'un de vos mots préférés. Récemment, un journal a publié un excellent article sur mon entreprise et moi. Reconnaissante, j'ai écrit à l'auteur de l'article pour l'en remercier. Immédiatement celui-ci m'a répondu avec enthousiasme me disant qu'en deux ans, c'était la deuxième fois seulement qu'on lui disait merci. C'est dire combien la gratitude est une denrée rare et que le fait de dire «merci» vous distinguera des autres.

Non seulement vous ferez-vous remarquer par votre gratitude mais celle-ci contribuera au positif dans l'Univers, puisque partout sur votre passage vous sèmerez des petites notes de bonheur. Remerciez et louangez pour les choses exceptionnelles mais pensez également à remercier ou à féliciter pour des choses *ordinaires* mais *constantes*. Votre secrétaire, par exemple, arrive toujours à l'heure au travail, dites-lui que vous appréciez sa ponctualité.

Votre conjoint vous prépare depuis dix ans votre petit-déjeuner, dites-lui que vous appréciez ce fait. Votre enfant a des notes plutôt ordinaires à l'école mais qui ne descendent jamais sous la moyenne, dites-lui que vous appréciez ses efforts. Dire «merci» est la meilleure façon d'encourager les autres à maintenir des comportements-plaisir. De plus, certains seront tellement contents de se sentir ainsi appréciés qu'ils redoubleront d'efforts pour vous plaire encore davantage. Vous remarquerez bientôt que le plaisir est contagieux!

Faites-leur le plaisir de les écouter

Ce ne sont ni les vedettes, ni la politique, ni l'indice boursier, ni la température qui intéressent réellement les gens. Ce qui les intéresse plus que tout, c'est leur petite personne, ce qui les concerne EUX-MÊMES. Et nous sommes tous pareils. Par conséquent, le secret pour devenir la personne la plus intéressante au monde est de vous intéresser à EUX, de les faire parler d'EUX. Écoutez-les sincèrement et attentivement, c'est le plus beau cadeau que vous puissiez leur faire. Ne cherchez ni la confrontation ni à prouver aux autres qu'ils ont tort, cherchez plutôt les intérêts et les points que vous pourriez avoir en commun.

Faites-les parler de leur passion, de leur passe-temps, de leurs enfants ou de leur travail. Ils VOUS trouveront génial et tellement intéressant! Peu à peu, vous découvrirez le plaisir d'entrer en véritable contact avec des tas de gens. Personnellement, la simple perspective d'une journée où j'aurai le plaisir de faire la connaissance de nouvelles personnes me réjouit. Ces rencontres m'ouvrent sur le monde, me permettent de découvrir de nouvelles réalités, enrichissent ma vie continuellement et me font entrevoir de nouveaux horizons. Si vous êtes une personne timide, cessez de vous répéter que c'est un supplice pour vous de rencontrer des gens, *et décidez* que dorénavant cela deviendra un de vos plaisirs.

Pratiquez les plaisirs démodés de la gentillesse

J'ai lu un jour dans *Motivez les gens à agir* de Robert Conklin une chose qui m'avait beaucoup impressionnée et que j'ai décidé de mettre en pratique: prendre soin des gens. De nos jours, cette notion de bienséance et des bonnes manières semble avoir complètement disparue des préoccupations de plusieurs. Par exemple, quand vous êtes en présence d'une autre personne, assurez-vous que celle-ci est assise confortablement et qu'elle a tout ce qu'il lui faut pour être bien. Pratiquez la gentillesse à l'état pur et traitez les gens «aux petits oignons».

Si vous recevez un visiteur à votre bureau ou dans votre demeure, vous penserez probablement à lui offrir quelque chose à boire, mais allez bien au-delà de cette attention en vous assurant que la personne est bien installée sur son siège, qu'elle n'a pas le soleil dans les yeux, qu'elle ne reçoit pas un courant d'air froid dans le dos ou qu'elle n'est pas en train de fondre parce qu'elle est assise à proximité de l'appareil de chauffage.

Offrez à une personne de l'aider à porter ses paquets, tenez-lui la porte, retenez celle de l'ascenseur pour un inconnu qui court derrière vous. Si vous attendez dans une file d'attente et que vous n'êtes pas trop pressé, cédez votre place à cette personne derrière vous que vous sentez au bord de la crise de nerfs. En voiture, un autre automobiliste se meurt d'envie de vous couper pour arriver 30 secondes plus vite que vous au feu rouge? Laissez-le passer, vous ferez un heureux. Pratiquez les plaisirs démodés de la gentillesse, cela fera de vous une personne exceptionnelle.

Aimez les gens et soyez indulgent à leur égard

Ne soyez pas trop rigide et exigeant avec les autres. Quand ceux-ci arrivent en retard, ne les stressez pas davantage en leur faisant sentir qu'ils ont bousculé votre horaire. Si pour respecter votre emploi du temps vous devez écourter la rencontre, faites-le mais ne mettez pas la personne plus mal à l'aise qu'elle ne l'est déjà.

Quelqu'un fait une gaffe ou une erreur? Faites tout votre possible pour lui éviter de perdre la face. Aidez plutôt cette personne à s'en sortir en atténuant l'impact de sa bévue, elle vous en sera éternellement reconnaissante. Il arrive à chacun de nous de gaffer, et une main secourable qui nous aide à nous en sortir, sans trop d'écorchures à notre amour-propre, allège le poids de l'humiliation.

Devenez un virtuose des noms

Vous ferez un grand plaisir aux gens et les ferez se sentir importants si vous faites l'effort de retenir leur nom. Premièrement, cessez de vous dire que vous n'avez pas la mémoire des noms, deuxièmement, décidez que vous deviendrez un champion en la matière. Prenez des moyens pour mémoriser les noms: demandez aux gens leur carte de visite, répétez le nom de la personne trois fois dans votre tête au cours des prochains dix minutes et s'il le faut, écrivez discrètement son nom sur un bout papier afin de le mémoriser. J'ai gardé de mon séjour à Singapour une habitude qui m'aide énormément à mémoriser les noms. Les gens de Singapour considèrent qu'une carte de visite est un prolongement de la personne et qu'il faut la traiter avec respect.

Ainsi, quand on remet sa carte d'affaires, on la remet avec ses deux mains comme si on faisait une offrande à la personne. Mais chose plus importante encore, quand vous recevez une carte d'affaires, vous devez la prendre avec vos deux mains, la regarder et même la contempler. En agissant ainsi, vous rendez hommage à l'individu qui vous l'a offerte ainsi qu'à la société qu'il représente. J'ai donc pris l'habitude quand on me remet une carte d'affaires de l'examiner et de l'analyser un peu. En faisant cela, je mémorise beaucoup plus facilement les noms et cela me procure d'excellents prétextes pour m'intéresser à la personne et à la faire parler d'elle.

Si vous vous en donnez le moindrement la peine et avec un peu d'habitude, votre mémoire deviendra un véritable tampon à imprimer les noms. Rappelez-vous le nom des gens et appelez-les par leur nom, vous deviendrez ainsi un véritable plaisir pour eux car il n'y a pas musique plus douce à l'oreille de quelqu'un que celle de son propre nom. Devenez un virtuose des noms.

Faites des accueils-plaisir

Quand vous rencontrez une de vos connaissances, lorsque vous lui téléphonez ou qu'elle vous téléphone, faites de cet instant un moment spécial, un moment de plaisir. Mettez de la joie dans votre voix et dites-lui un «bonjour«particulier. Manifestez d'une façon quelconque que cela vous fait plaisir d'être en contact avec elle, si tel est le cas évidemment. Nous voulons tous faire une différence quelconque dans la vie des gens, c'est pourquoi nous avons tellement de mal à supporter l'indifférence des autres. C'est d'ailleurs pour sortir de l'anonymat que certains criminels planifient des méfaits spectaculaires.

Nous voulons tous être reconnus et c'est d'ailleurs certainement le secret de la grande popularité des chiens comme animaux de compagnie. Quand vous vous approchez d'un chien, domestiqué il va de soi, celui-ci vous manifeste en général sa joie d'une façon telle que vous ne pouvez pas rester indifférent, que vous soyez son maître ou pas. Il bouge la queue, monte sur vous, vous lèche les mains, etc. On aime ou on n'aime pas mais le moins qu'on puisse dire c'est que votre arrivée ne passe pas inaperçue et qu'elle fait toute une différence dans sa vie. Il n'en est pas toujours de même avec certains humains. Chez plusieurs, l'apparition d'une araignée ferait souvent plus d'effet que la vôtre...

Souvenez-vous simplement à quel point vous vous sentez important quand une personne manifeste sa joie de vous voir, qu'elle vous regarde avec le sourire, se lève de son siège pour vous accueillir en vous disant le plus beau des bonjours. Vous vous sentez certainement mieux disposé à l'égard de cette personne qu'envers une autre qui ne vous regarde pas et vous salue à peine.

163

Faites donc sentir aux gens que leur arrivée ou votre conversation téléphonique fait une différence dans votre vie, et il y a fort à parier que l'échange avec cette personne sera on ne peut plus agréable.

Pratiquez le regard-plaisir

La rencontre de deux regards est le début de la communication. Vous pouvez déjà entrer en contact de loin avec une personne si vous la regardez. Le regard échangé entre deux personnes est d'ailleurs si important que c'est une des méthodes enseignées au personnel de magasins pour prévenir le vol à l'étalage. On suggère aux employés de repérer tout nouveau client qui entre dans le magasin et de le suivre des yeux tant et aussi longtemps que la personne ne les regarde pas.

Quand les regards se croisent l'employé salue simplement le client de la tête. Il est prouvé que ce simple échange de regards fait que le client se sent «repéré» et que si son intention était de voler, il aura moins tendance à le faire parce qu'il n'est plus anonyme. L'échange de regards crée une impression telle dans le cerveau d'une personne qu'on n'oublie jamais certains regards. Ne dit-on pas d'ailleurs que les yeux sont les miroirs de l'âme. Ils révèlent donc énormément de choses sur nous et les autres personnes. Échanger un regard avec une autre personne, c'est échanger d'âme à âme.

Si un simple contact visuel peut empêcher un voleur de commettre son méfait, un regard-plaisir peut, lui, avoir un impact extrêmement positif sur votre communication avec les gens. Donc, exercez votre regard afin d'entrer plus facilement en communication. Balayez votre environnement du regard plutôt que de contempler le bout de vos chaussures, et quand vous croisez les yeux de quelqu'un d'autre ne détournez pas les vôtres, soutenez quelque peu son regard. Vous aurez peut-être envie de sourire à cette personne ou de simplement regarder ailleurs mais au moins vous aurez essayé.

Quand vous croisez les yeux d'une autre personne, utilisez le regard-plaisir et complice. L'échange d'un regard-plaisir a donné naissance à de nombreuses relations. Un homme me confiait d'ailleurs que quand il était dans un bar et qu'une femme l'attirait, jamais il n'allait lui parler si elle ne le regardait pas. N'ayant aucun indice sur elle, ne sachant aucunement s'il l'intéressait de quelque façon, il n'osait pas prendre le risque d'essuyer un refus catégorique. Il allait plutôt vers une autre femme, peut-être moins jolie, mais qui lui signifiait par son regard un quelconque intérêt.

Le regard ne sert pas qu'à la séduction, il sert à la communication dans son sens le plus large. Vous n'avez pas besoin de connaître les gens pour échanger des regards-plaisir avec eux, vous pouvez échanger des regards avec les personnes qui partagent le même ascenseur que vous, avec quelqu'un qui fait la queue à l'épicerie ou qui est de l'autre côté de la salle. Quand vous regardez quelqu'un vous envoyez un message comme quoi vous vous intéressez à cette personne et que, par conséquent, vous ouvrez la porte sur une communication possible. Il ne s'agit pas de dévisager les gens mais de promener votre regard et de rester attentif à ce qui le retient.

Plusieurs sont souvent surpris de la rapidité avec laquelle j'entre en contact avec toutes sortes de personnes et se demandent comment il se fait que tant de gens viennent me parler spontanément. Mon regard, c'est mon arme secrète. En regardant les gens, j'ouvre un chemin électromagnétique et j'établis un pont de communication entre les autres et moi. Selon mon humeur, je regarde des étrangers soit d'un œil souriant ou d'un regard neutre mais jamais avec un regard critique ou inquisiteur. Parfois quelque chose retient mon attention, parfois non. Mais c'est en balayant ainsi constamment mon environnement que je repère une foule de choses utiles et de gens intéressants.

Ce n'était pas le cas quand j'avais un regard en tunnel et que je fixais un à un les boutons d'ascenseurs. C'est fou ce qu'on peut rencontrer des gens sympathiques dans les ascenseurs. Ces échanges-éclair ne vont souvent pas plus loin, mais cette complicité avec de purs étrangers est tellement agréable quand une situation cocasse se présente. Quand le contact est établi, nous pouvons rire ensemble d'une situation ou demander un renseignement, la communication étant ouverte. Je ne vous propose pas de parler à tout le monde mais commencez au moins par essayer de soutenir un peu le regard des gens, et voyez ce qui se passe.

L'indispensable sourire-plaisir

Je vous ai proposé précédemment de sourire dès le réveil pour vous mettre de bonne humeur. Si votre propre sourire a le pouvoir de vous mettre de bonne humeur, imaginez ce qu'il peut faire pour les autres. Le sourire est un complément du regard-plaisir, il installe la communication de façon favorable. Le sourire réchauffe et ouvre le cœur des gens; il prédispose à bien communiquer. Monsieur Marriott de la chaîne des hôtels Marriot disait d'ailleurs que, quand il visitait ses hôtels et qu'il entrait dans un service où les employés ne souriaient pas à l'arrivée de leur superviseur, il y voyait là le signe d'un problème dans ce service.

C'est ce que je remarque aussi dans les entreprises où j'interviens. Des gens qui se sourient peuvent se dire beaucoup de choses et mieux collaborer car ils sont bien disposés les uns à l'égard des autres tandis que des gens qui ne s'apprécient pas, ne se sourient pas et ne se parlent pas. La communication et la collaboration sont par conséquent difficiles. Mais vous pouvez changer des choses grâce à votre sourire car beaucoup de gens sont timides ou restent enfermés dans leur bulle de négatif. Votre sourire peut les inviter à sortir de cette bulle et les aider à s'ouvrir aux autres.

J'aimerais clore ce chapitre sur une citation de Dale Carnegie inspirée d'un proverbe chinois «*L'homme qui ne sait pas sourire ne doit pas ouvrir une échoppe*». Le texte qui suit provient-il de Dale Carnegie ou de la philosophie chinoise? Je ne sais mais nous pouvons tous en tirer profit.

Un sourire ne coûte rien, mais il crée beaucoup

«Un sourire ne coûte rien, mais il crée beaucoup.
Il ne dure qu'un instant, et le souvenir en persiste parfois toute une vie.
On ne peut l'acheter, le mendier, l'emprunter ou le voler.
Mais il ne sert absolument à rien tant qu'il n'a pas été donné.
Aussi, lorsque, dans votre course, vous rencontrez un homme trop las pour vous donner un sourire, laissez-lui le vôtre.
Car nul n'a plus besoin d'un sourire que celui qui n'en a plus à offrir.»

Chapitre XIV

Le plaisir en entreprise, une facture de moins à payer

Au cours des premiers chapitres, j'ai abordé un tant soit peu certains aspects de la vie au travail et je vous ai proposé quelques moyens de rendre ce domaine de votre vie plus agréable. Mais nous passons tellement de temps au travail et il exerce un tel d'impact sur tout le reste de notre vie que je tiens à développer ce sujet de façon plus précise et plus approfondie maintenant. L'atmosphère dans laquelle nous travaillons constitue un élément vital pour nous faire apprécier un emploi plutôt banal ou voire même fastidieux.

À l'inverse, une mauvaise ambiance dans votre milieu de travail peut empoisonner votre existence, même si cette occupation en soi est des plus passionnantes. Au chapitre IX, où il était question des vampires d'énergie, le visage de certains collègues, patrons ou coéquipiers vous est certainement venu à l'esprit. J'espère cependant qu'en lisant le chapitre XIII, décrivant les agissements de gens au pouvoir positif, vous avez également pu identifier au moins des personnes de votre entourage immédiat.

Malheureusement, les vampires d'énergie sont plus nombreux que les personnes au pouvoir positif. Peu de gens sont naturellement positifs ou choisissent de le devenir. Cependant, en modifiant un peu vos filtres et en recherchant délibérément des personnes dotées de ce pouvoir positif, vous en trouverez de plus en plus. Même si elles sont rares, ces personnes positives qui rayonnent de joie de vivre peuvent changer l'ambiance d'un groupe.

Que vous soyez un leader ou un employé, vous pouvez avoir un tel impact. Il est certain que si vous êtes le leader et que vous entretenez une attitude positive, vous influencerez plus rapidement l'atmosphère d'un groupe. Cependant, il importe de retenir que, même si vous n'occupez pas un poste de responsabilités, vous pouvez, grâce à votre rayonnement positif, exercer malgré tout une très grande influence sur votre équipe de travail. De plus, même si vous travaillez en solitaire, vous pouvez créer également un effet positif sur plusieurs personnes.

Par exemple, un gardien de sécurité dont le travail consiste à surveiller les allées et venues des gens qui fréquentent un édifice à bureaux peut influencer positivement la journée de centaines de personnes en gratifiant chacune d'un sourire chaleureux. En faisant cela, il ensoleillera leurs journées et contribuera à rendre ces gens plus positifs. De plus, ses propres journées seront beaucoup moins monotones.

Se donner la mission d'esquisser un sourire aux gens et de les faire sourire n'est pas exclusivement réservé au service à la clientèle, tout le monde peut le faire à son propre niveau et, dans cette intention, toutes les suggestions du chapitre précédent pour devenir un «plaisir ambulant» s'appliquent dans n'importe quel milieu de travail.

Imaginez l'impact

Imaginez ce qui se passerait si chaque personne d'une même organisation se donnait comme mission tous les matins de faire naître un sourire sur le visage d'au moins une personne au cours de la journée. Combien cela changerait les choses, imaginez l'impact! Ce serait contagieux! Votre sourire pourrait réchauffer le cœur d'une secrétaire qui ne se sent pas tellement appréciée ou peut-être mettrait-il un peu de gaieté ou de baume sur la journée de votre collègue qui vient de constater avec dépit que tout son travail de la veille est à reprendre. De plus, les jours où vous vous sentez incapable de sourire, la blague d'un confrère pourrait vous aider à prendre plus à la légère la remarque un peu acerbe de votre patron.

Quoi qu'il en soit, la petite étincelle de positif que chacun apporte à un groupe peut, à la longue, transformer un milieu de travail tendu en une ambiance plus harmonieuse et contribuer ainsi au succès croissant de l'entreprise; car toutes les relations interpersonnelles finissent par se répercuter et à contribuer au rayonnement de l'organisation.

Supposons que vous travaillez à la chaîne de montage d'une grosse entreprise. Vous croyez peut-être que votre travail routinier importe peu et que votre attitude n'exerce pas de réel impact sur l'entreprise qui vous emploie. Faux. Même si vous travaillez sur une chaîne de montage, votre humeur influence grandement l'ensemble de l'usine ainsi que la qualité des produits qui en sortent. Imaginons qu'un matin vous êtes de mauvais poil et que vous ne faites pas l'effort de contenir votre mauvaise humeur. Celle-ci contaminera négativement au moins 20 personnes dans la journée, à commencer par les membres de votre famille. Ensuite, elle influencera les gens que vous croiserez en vous rendant au travail ainsi que vos coéquipiers. Ceux-ci n'oseront peut-être même pas venir vous saluer de peur de se faire répondre abruptement.

En ne faisant pas l'effort de tempérer votre hargne, vous vous préparez une journée pénible. En plus d'avoir à vous supporter vous-même, vous aurez sans doute à absorber les ondes négatives que les gens vous renverront sur votre passage, car les autres nous reflètent en général notre propre attitude, tout comme un miroir. Beau programme en perspective! Alors, efforcez-vous de changer votre façon de penser et d'adopter une attitude plus positive. Vous allégerez ainsi vos journées, vous perdrez moins d'énergie et, par conséquent, vous en ferez moins perdre aux autres.

Stoppez la chaîne de l'agressivité

Vous avez déjà entendu l'histoire de la chaîne de l'agressivité? Celle qui raconte l'effet d'entraînement du patron qui battait son employé, lequel de retour à la maison battait sa femme, qui à son tour battait les enfants. Les enfants devenus agressifs battaient le chien, qui lui, mordait le chat et le chat mordait la souris, etc. La vie n'est qu'une succession d'actions-réactions. Il s'agit que quelqu'un soit plus intelligent que la situation et décide de créer des enchaînements de circonstances positifs. L'agressivité a un effet d'entraînement mais le plaisir aussi fonctionne en chaîne, il est contagieux. Souriez à quelqu'un, faites-lui plaisir, dites-lui merci ou exprimez-lui votre appréciation, et la personne vous le rendra au centuple.

J'ai constaté cependant que la chaîne positive est parfois plus lente à démarrer que la chaîne négative. Mais une fois la chaîne du plaisir installée, elle l'est pour longtemps. Des gens habitués aux effets bénéfiques de l'attitude positive sont beaucoup plus difficiles à entraîner dans le négatif. On peut mettre un certain temps à introduire une attitude positive dans un groupe et, en cela, les dirigeants d'entreprise ont un très grand rôle à jouer. Mais une fois ces attitudes positives bien ancrées, l'entreprise est gagnante car ses employés ne se laissent plus arrêter par les obstacles et deviennent plus créatifs et plus productifs.

Boycottez les leaders négatifs

Dans tous les groupes on trouve des leaders négatifs. Ces personnes ne connaissent pas mieux, mais elles sont pourtant en quête d'énergie. Elles ont découvert qu'en annonçant les mauvaises nouvelles, en dramatisant le moindre petit problème et en poussant les pacifiques à devenir agressifs, elles jouissent d'une certaine popularité. Recevant ainsi beaucoup d'énergie, elles s'en nourrissent et alimentent l'aspect négatif des situations.

Mais si plusieurs personnes dans un groupe se rendent compte que donner temps et attention à ces vampires d'énergie hypothèque justement leur vigueur, leur santé, leur joie de vivre et qu'elles refusent les incitations à se concentrer sur l'aspect négatif des choses, alors ces leaders destructeurs sont mis en échec. Cependant, ne partez pas en croisade contre eux. Axez plutôt toute votre attention sur votre énergie et empêchez-vous de répondre à leurs sollicitations négatives, un point c'est tout. Vous aurez déjà fait alors beaucoup!

Si de moins en moins de personnes «financent énergétiquement» ces leaders négatifs, ils cesseront de faire du tort à l'entreprise pour laquelle vous travaillez. Boycotter le négatif dans votre milieu de travail peut avoir une répercussion majeure sur votre sécurité d'emploi, vos conditions de travail et le bonheur de chacun.

Ce ne sont pas vos patrons qui vous paient votre salaire, ce sont les clients de votre firme

Tout bien considéré, ce ne sont pas vos patrons qui vous paient votre salaire, ils ne font que vous redistribuer l'argent de leurs clients. En fait, ce sont ces derniers vos véritables patrons. Pour offrir des salaires et des conditions de travail intéressantes à ses employés, une organisation doit d'abord jouir elle-même d'une certaine aisance financière. Ce qui fait vivre une entreprise c'est sa popularité auprès de ses clients et cette considération provient de trois facteurs fondamentaux: la qualité des produits ou des services vendus par cette entreprise, des prix compétitifs, la rapidité et la qualité du service.

Mais ce n'est pas tout. Jacques Horowitz, qui fut vice-président au marketing pour le Club Med, affirme que les consommateurs d'aujourd'hui exigent maintenant beaucoup plus, ils veulent vivre une EXPÉRIENCE AGRÉABLE lors de l'achat d'un produit ou d'un service. De nos jours, les consommateurs ont le choix et peuvent dénicher de très bons produits à d'excellents prix partout à travers le monde au moyen d'Internet. Alors, il faut tout faire pour les séduire et pour les garder. C'est dans cette optique que les entreprises qui veulent remporter la plus grosse part du gâteau doivent alors absolument devenir plus exigeantes avec leurs employés. De là les innombrables changements qu'elles vous font vivre.

Le plaisir a un impact sur votre sécurité d'emploi

Le plaisir et l'attitude positive ont un impact partout, autant sur votre vie privée, que sur votre énergie, votre travail et sur votre sécurité d'emploi. L'employé d'une chaîne de montage à l'attitude négative sera moins attentif à son travail et commettra plus d'erreurs. Ces erreurs entraîneront le rejet du produit par le service du contrôle de la qualité ou pire, celui-ci aboutira entre les mains du consommateur. Tout rejet de pièces par le service du contrôle de la qualité ou tout produit défectueux qui se retrouve entre les mains des consommateurs représente des pertes pour votre entreprise, diminuant d'autant la marge bénéficiaire qui assure votre sécurité d'emploi.

Vous pensez certainement que je prends parti pour les directions d'entreprise. Il est vrai que j'ai le plus grand respect pour ces gens qui ont le génie de monter des entreprises gigantesques, qui prennent constamment des risques et qui créent des milliers d'emplois. Cependant, je ne crois pas nécessairement que tous les dirigeants d'entreprise soient blancs comme neige. J'ai cependant un préjugé favorable pour les impératifs qui commandent les marchés, le respect des gens, les échanges gagnant-gagnant et pour l'harmonie.

Les clients insatisfaits menacent votre emploi

Saviez-vous qu'un client insatisfait peut faire énormément de tort à l'entreprise qui vous emploie? Vous a-t-on déjà dit qu'un client insatisfait en parle à au moins douze personnes? Et que ces douze personnes se feront un plaisir de répéter à d'autres tous les éléments négatifs qu'elles ont entendus à propos de votre organisation?

Pour annuler l'impact négatif d'un client insatisfait, il ne suffit pas d'en satisfaire un autre. Il faut faire bien davantage, car un client satisfait n'en parle pas à douze personnes, lui, il n'en fait part qu'à trois ou quatre. Et encore! Il lui faudra être drôlement satisfait pour qu'il en parle! C'est pourquoi votre entreprise a besoin de tous les renforts positifs qu'elle peut trouver au sein de ses employés pour éviter les erreurs et réduire les coûts inutiles. Votre simple petit effort pour sourire ou dédramatiser un problème peut vous aider autant qu'appuyer la firme qui vous paie votre salaire.

Cette exaspération face aux changements

Je donne beaucoup de séminaires dans les entreprises pour amener les employés à être plus positifs face aux changements et partout je sens un essoufflement et surtout une incompréhension par rapport à tous ces bouleversements. Il arrive même parfois que je sente une sourde agressivité de la part des employés face aux dirigeants de l'entreprise. Trop rarement les directions prennent la peine d'expliquer le POURQUOI de ces changements.

On croit probablement accélérer le processus en imposant ces changements sans les expliquer, mais il n'en est rien. Si plus de dirigeants prenaient le temps d'exprimer les raisons qui motivent ces changements et répondaient aux questions des employés, on leur opposerait moins de résistance et les modifications pourraient être mises en place beaucoup plus rapidement.

Mais malheureusement, on se contente souvent d'envoyer une note de service croyant à tort que le seul fait de l'afficher éclaire les employés sur la nature de ces changements. C'est bien dommage, car gagner à sa cause des employés qui comprennent le bien-fondé d'un changement est beaucoup plus facile que d'essayer d'obtenir la collaboration de personnes réfractaires au point de départ. Tous les changements ont leur raison d'être et cela vaut la peine de les expliquer.

S'il faut modifier telle ou telle façon de faire parce que la concurrence se démarque plus que nous, cela s'explique. S'il faut réduire les dépenses car les bailleurs de fonds exigent un meilleur rendement de leurs investissements sans quoi ils placeront leur argent ailleurs, cela s'explique aussi. On peut ne pas être d'accord avec ces motifs, mais l'entreprise et les employés ont-ils vraiment le choix? Il faut faire confiance à l'intelligence des gens et expliquer davantage le POURQUOI des changements.

À cause de ce manque de transparence, j'ai souvent l'impression que les employés s'imaginent que les dirigeants font tous ces changements pour le simple plaisir de les embêter. La responsabilité des gestionnaires est de maintenir la rentabilité de l'entreprise et d'en assurer la longévité. C'est la seule façon de sauvegarder les emplois et les revenus de tous les partenaires concernés. La tâche des dirigeants d'aujourd'hui est beaucoup plus difficile qu'il y a dix ans. À cette époque on pouvait faire des planifications pour une période de cinq ans et suivre ce plan.

De nos jours, les entreprises font des plans pour les six prochains mois et bien souvent trois semaines après, ceux-ci sont déjà à revoir parce que les consommateurs ou la compétition ont bougé plus vite et de façon différente par rapport aux prévisions. Il faut donc une complicité maximale entre une direction d'entreprise et ses employés et chacun doit y mettre du sien. Alors, si vous êtes pris dans un tourbillon de changements, essayez de les comprendre plutôt que de les combattre; et si vous êtes dirigeant d'entreprise, faites confiance à l'intelligence de vos collaborateurs.

Cette guerre à finir entre les différents services

Je suis toujours étonnée de constater combien les entreprises se laissent paralyser par des guerres internes, plutôt que de concentrer leurs efforts sur la vraie guerre, la guerre contre les concurrents. Souvent les différents services d'une même entreprise agissent comme s'ils travaillaient pour deux entreprises concurrentes. Les bagarres que j'ai le plus souvent remarquées sont celles entre le service des ventes et celui de la production, ou entre le service des ventes et les services administratifs.

Chose certaine, les gens de la production en ont assez de se faire pousser dans le dos par les représentants des ventes qui, selon eux, promettent mer et monde aux clients. De leur côté, les gens du service des ventes ne comprennent pas pourquoi ils ne jouissent pas de l'appui total de la part des membres de l'équipe de production puisque sans les contrats qu'ils décrochent, personne n'aurait d'emploi.

Le même phénomène se produit entre le service des ventes et les services administratifs. Les représentants des ventes ont besoin de se faire établir des soumissions ou de faire vérifier des états de compte le plus rapidement possible sous peine de perdre le client. Les employés des services administratifs, eux, en ont assez de se faire bousculer par les représentants des ventes qui se prennent, à leur avis, pour des divas. En fait, dans cette histoire tout le monde a raison.

L'équipe de production ne peut souvent pas faire fonctionner les machines plus vite qu'elles ne fonctionnent déjà et les services administratifs n'ont pas toujours le personnel requis pour répondre à la demande dans de meilleurs délais. Mais quand on apprend à se parler, que l'on cultive une attitude positive et le respect mutuel, on finit par se comprendre. Là encore, les directions peuvent jouer un rôle très actif quand elles se donnent la peine d'organiser des rencontres d'échanges et qu'elles incitent les diverses équipes à se parler.

De nos jours, la rapidité de réponse au client est le nerf de la guerre. Les clients ne veulent plus attendre et ils ont raison puisqu'ils ont le monde au bout de leurs doigts. Une entreprise qui perd son temps en conflits internes voit ses profits s'envoler... par le câble du Web.

Beaucoup de conflits sont causés par de BONNES INTENTIONS

Étrangement, de nombreux conflits entre les services sont causés à la base par de BONNES INTENTIONS, mais de bonnes intentions incomprises. Réfléchissez-y deux fois plutôt qu'une, vous est-il déjà arrivé de faire des erreurs juste pour le plaisir d'en faire? À moins que vous ne soyez très malicieux, je ne crois pas que cela se soit passé souvent dans votre vie. Cependant, comme tout le monde, vous commettez parfois des erreurs et vous faites votre travail d'une certaine façon parce que vous croyez que c'est la meilleure manière de le faire.

Mais supposons qu'un autre service ou qu'un collègue vous accuse de mal travailler. Vous vous sentirez immédiatement attaqué et vous saisirez l'occasion pour donner l'assaut à votre tour, ou bien, vous vous replierez sur vous-même en vous jurant de collaborer le moins possible par la suite. Et pourtant, vous aviez au départ les meilleures intentions du monde, cependant vous ragez de constater que l'autre personne vous accuse sans même vous écouter. Et voilà, un conflit est né. Et il se perpétuera tant et aussi longtemps que quelqu'un ne décidera pas d'être plus intelligent que la situation, d'agir de façon plus positive et plus compréhensive, et de parler ouvertement.

Donc, la prochaine fois que le travail d'une autre personne vous posera problème, faites un petit effort, allez trouver cette personne plutôt que de fulminer seul dans votre coin. Parlez-lui et surtout écoutez-la. En abordant la question avec un esprit ouvert et en essayant de comprendre la BONNE INTENTION de cette personne dans sa manière d'exécuter son travail, vous serez surpris du résultat. Ne tenez pas pour acquis qu'elle agit ainsi par négligence ou par indifférence. Cherchez l'intelligence et la bonne volonté derrière ce comportement et, très souvent, vous les trouverez.

Une fois que vous aurez compris les motifs de l'autre personne, expliquez en quoi cette façon de faire vous incommode. Il se peut qu'en répondant à vos questions l'autre personne vous dise qu'elle fait cela – car c'est ainsi qu'elle a toujours agi ou qu'on le lui a enseigné de cette façon – mais agir autrement ne lui poserait pas de problème si cela peut vous aider. Il est également possible qu'en y réfléchissant, cette personne ne trouve pas sa façon de faire très intelligente, elle non plus... Comprenant les inconvénients en cause, elle sera probablement plus désireuse et plus motivée à changer sa façon de travailler.

Dans vos démarches, vous rencontrerez à l'occasion quelques indifférents et quelques *bulldogs* qui ne voudront rien savoir de vous, mais ce sera l'exception, car vous constaterez plutôt le contraire la plupart du temps. Faites confiance à la bonne nature des gens, entretenez à leur égard des attentes positives et ils y répondront favorablement.

Êtes-vous un collègue, un patron, un employé ou un associé de rêve?

Nous aimerions tous avoir un patron de rêve, des collègues de rêve, des employés de rêve ou des associés de rêve. Mais nous, sommes-nous des collaborateurs de rêve ou plutôt des cauchemars en puissance? En scrutant vos propres comportements avant de critiquer ceux des autres, vous découvrirez peut-être que vous auriez intérêt à en modifier certains. Pour rendre votre ambiance de travail plus agréable, pourquoi ne décideriez-vous pas de devenir le collaborateur idéal?

Décidez de devenir un collaborateur-plaisir et de devenir un partenaire de travail plus aimable et plus coopératif. Ainsi, vous pourriez choisir de devenir un collègue-plaisir, un patron-plaisir, un employé-plaisir ou un associé-plaisir. Si vous faites cela, vous verrez qu'à long terme, votre comportement positif vous vaudra une bien meilleure collaboration de la part de tout le monde. Votre ambiance de travail est trop négative et est pour ainsi dire une cause désespérée, croyez-vous? Que perdez-vous à essayer d'y changer quelque chose?

N'attendez pas que l'aspect positif vienne des autres

Imaginez-vous que vous êtes dans une salle et que de chaque côté se trouvent deux groupes. Les deux groupes ne se connaissent pas. Que se passera-t-il si chaque personne se dit: *«Moi je n'irai pas les saluer tant qu'eux ne viendront pas nous saluer»*. Si les deux groupes restent sur leurs positions, ce sera ridicule et il y a bien peu de chances que la communication s'installe. Ce comportement est plutôt enfantin.

Eh bien, pour tout vous avouer, c'est un peu la même observation que je fais dans les entreprises où j'interviens. Les employés de certains services attendent que les autres services améliorent leurs façons de faire et leurs attitudes; les patrons attendent que les employés deviennent plus positifs, et les employés se disent: *«Montrez-nous que vous appréciez notre travail et nous deviendrons plus positifs»*. Et tout le monde reste sur ses positions attendant que les initiatives viennent des autres.

C'est dommage car plus on attend ainsi sans tenter d'améliorer les choses, plus on perd de temps, et moins il est agréable de travailler dans cette ambiance où tout le monde en souffre. Alors, si vous constatez un tel état de fait dans l'entreprise pour laquelle vous travaillez, agissez différemment et tentez d'y changer quelque chose.

Prenez des initiatives pour que les choses bougent. Si vous réussissiez à faire cela dans votre seule équipe de travail immédiate, vous auriez déjà fait beaucoup. Premièrement vous assainiriez votre ambiance quotidienne de travail, et qui sait, peut-être parviendrez-vous petit à petit à la teinter de positif et de joie de vivre. Faites-le d'abord pour vous et ensuite, quand vous aurez de l'énergie supplémentaire, peut-être le goût vous viendra-t-il de le faire pour les autres.

Devenez un collaborateur-plaisir

Pour créer une ambiance de travail plus agréable, vous pour-riez devenir un collaborateur-plaisir. Mais, comme pour toute chose, vous devez le décider. Décidez qu'à partir de maintenant, vous essaierez de gagner dans votre «fan club» toutes les per-sonnes qui vous côtoient pour votre travail.

Assurez-vous de saluer tout le monde en commençant vos journées, souriez, soyez courtois. Accueillez les demandes que l'on vous fait de façon ouverte, en essayant de saisir le mieux possible ce que la personne attend de vous et pour quand elle en a besoin. Pour que les gens aiment vraiment travailler avec vous, effor-cez-vous de donner des petits *plus* à vos partenaires de travail. Sur-prenez- les en leur faisant un petit *extra* ou en leur remettant le tra-vail un peu plus tôt que prévu.

En fait, donnez-vous secrètement cette mission, mais ne leur dites pas à l'avance. Vous seriez bien pris au piège si vous n'arri-viez pas à respecter l'échéance promise, mais si vous pouvez y par-venir, faites-le. Vous aurez atteint votre but quand les gens vous diront: «Comment? C'est déjà fait? Merci!» Susciter la joie de vos partenaires de travail peut rendre vos rapports avec eux beaucoup plus chaleureux et productifs et les disposer avantageusement à votre égard, si un jour vous aviez besoin qu'on vous fasse une pe-tite faveur.

Mais ne faites pas l'erreur de *toujours* faire des extras ou de *toujours* remettre le travail avant terme. Si vous agissiez constam-ment de cette façon, on finirait par vous tenir pour acquis et par abuser de vous. Que ce soit VOTRE cadeau et non une obligation. Et si certaines personnes ne sont pas reconnaissantes, cessez de leur faire ce plaisir et choisissez-en d'autres à privilégier.

Il se peut par contre qu'en adoptant cette méthode, vous vous retrouviez avec un surplus de travail. Il est également pos-sible aussi que des collègues vous en veuillent pour cela. Faites attention. Si cela se produit, limitez-vous à une attitude ouverte et réceptive quand on vous donne un travail à effectuer. Vous pourrez ainsi éviter des conflits avec vos collègues. Mais si vous n'avez pas de telles contraintes, votre comportement de collabora-tion pourrait vous mettre en tête de liste pour la prochaine promo-tion.

D'autre part, si vous êtes surchargé de travail et que vous estimez cela injuste pour vous, ne ruminez pas tout seul dans votre coin. PARLEZ. Décrivez les faits et éclaircissez les choses avec votre patron. Ne laissez pas s'accumuler vos frustrations. Apprenez à dire ce qui ne va pas au fur et à mesure, n'attendez pas d'être au bord de l'explosion pour le faire. Et si c'est votre patron qui vous bouscule, parlez-lui calmement en lui faisant valoir tout ce que vous essayez de faire pour l'entreprise. Gardez l'esprit concentré sur les résultats à atteindre, cela vous servira toujours.

Devenez un patron-plaisir

Que vous ayez un ou mille employés sous votre direction, vos agissements ont une très grande répercussion sur les gens que vous dirigez. Ne soyez pas un patron *bulldog*, choisissez plutôt de devenir un patron-plaisir. Considérez que vos employés sont intelligents et que, dans l'ensemble, ils veulent bien faire leur travail. Vous en doutez? Vous trouvez qu'ils se comportent parfois comme des gens peu responsables? Voici une vérité qui ne vous fera pas plaisir, une vérité que j'ai mis moi-même deux semaines à digérer quand on me l'a assénée: **un patron a les employés qu'il mérite**...

Or donc, si vous trouvez que vos employés ne sourient pas, prenez un miroir et regardez la tête que vous leur faites vous-même.

Ils ne sont pas ponctuels? Êtes-vous toujours à l'heure vous-même? Ils ne prennent pas assez d'initiatives ou n'ont pas le sens des responsabilités? Regardez de quelle façon vous leur donnez vos directives. Ont-ils de la latitude pour agir un peu comme bon leur semble et ont-ils le droit de poser des questions? Et quelle a été votre réaction la dernière fois qu'un employé a pris une initiative? Vous adressez-vous plus souvent à eux pour leur faire part de leurs erreurs que pour les remercier et les féliciter de leur bon travail? C'est à *vous* de faire naître ces bons comportements chez vos employés et de leur donner le goût de se dépasser. C'est à *vous* de leur donner l'exemple et de gagner leur respect.

Vous vous tuez à leur dire quoi faire mais ils ne semblent pas vous écouter? Retenez que vos employés ne feront pas ce que vous leur direz de faire, mais bien ce qu'ils vous *verront* faire. Votre exemple a sur eux beaucoup plus d'influence que vous ne le pensez et les jugements que vous portez sur leur travail les affectent énormément, même vos employés qui ont l'air le plus indifférent. Si vos remarques et la répétition de vos directives ne produisent pas les résultats escomptés, essayez une autre tactique. Encouragez vos employés pour les choses qu'ils font bien et reconnaissez leurs efforts et leurs mérites. Cette attitude vous vaudra une bien meilleure collaboration, vous verrez.

De plus, devenez le responsable de l'ambiance de votre équipe de travail, ne laissez pas cela au hasard. Décidez de créer la joie dans votre groupe et prenez des moyens pour le faire. Souriez, faites-leur des petites surprises comme apporter des croissants parfois le matin ou une bouteille de vin sans occasion spéciale, déclarez dix minutes de repos et d'échange au beau milieu d'une journée chargée, invitez-les au restaurant, offrez-leur le café, organisez des concours surprises où VOUS ferez une tâche qu'ils vous imposeront s'ils atteignent un objectif, etc.

Intéressez-vous à eux, à leurs loisirs, à leur famille. Vous avez la responsabilité de ce groupe, mais ne vous prenez pas trop au sérieux. Prenez les objectifs au sérieux, mais pas vous-même. Cela favorisera la communication et la transparence. Prenez la peine d'expliquer le POURQUOI des choses et ÉCOUTEZ vos employés. Ils sont les plus grands spécialistes de votre service et ils en savent souvent beaucoup plus que vous. Ne croyez pas que vous devez toujours avoir raison, admettez vos erreurs, ils vous en seront reconnaissants. Accordez-leur le droit de se tromper, ils prendront davantage d'initiatives.

Mais soyez derrière eux pour les aider à analyser les situations et à améliorer les premiers essais infructueux. N'ayez pas toutes les réponses, faites-leur souvent chercher les solutions car ils les ont en eux. Vous les ferez ainsi se sentir plus importants et vous augmenterez leur confiance en eux-mêmes. En agissant de la sorte, vous en ferez des collaborateurs vivants, désireux de faire plus et de s'améliorer parce qu'ils voudront être à la hauteur de vos attentes positives. Bon travail et bon plaisir!

Conclusion

J'entendais à la radio que, selon une recherche américaine, ce que les gens souhaitent le plus à la fin de leur existence c'est d'avoir fait une différence dans la vie de quelqu'un. J'espère sincèrement avoir réussi à en faire une dans la vôtre. Je souhaite de tout cœur que vous ayez trouvé votre lecture agréable et découvert dans ce livre des idées assez simples pour les mettre en pratique sur-le-champ. J'espère que vous avez ponctué votre lecture de mille petits plaisirs et que, dorénavant, vous prendrez davantage le temps de vous faire plaisir. Car c'est de cela dont il s'agit, au fond, de prendre le temps puisque nous ne l'avons jamais, il faut s'autoriser à le prendre.

Mon travail est terminé, mais le vôtre commence. Il consiste à agir consciemment et volontairement afin d'intégrer cette nouvelle philosophie dans votre vie. Pensez d'abord à vous, à votre plaisir et à votre énergie. Mais une fois votre phase de *survie* dépassée, pensez à faire plaisir aux autres et aidez-les à incorporer et insuffler davantage de joie et de plaisir dans leur vie.

Je souhaite que, désormais, vous deveniez un «plaisir ambulant» et que vous trouviez ainsi une meilleure façon de vivre et d'être plus heureux. Il ne faut pas attendre à demain pour être heureux, car nous ne savons pas si nous serons encore là. À nous inquiéter constamment pour des détails insignifiants, nous perdons de précieux moments de plaisir. Si vous appreniez qu'aujourd'hui est votre dernier jour sur terre, ne trouveriez-vous pas dommage de ne pas avoir apprécié davantage votre conjoint, vos enfants, de ne pas avoir ri plus fréquemment avec vos collègues de travail, d'avoir omis de savourer plus longtemps votre café le matin et de ne pas vous être laissé plus souvent caresser par les rayons du soleil?

Ne serait-il pas regrettable de terminer votre séjour sur terre sans être allé à cet endroit qui vous faisait tant rêver, mais dont vous reportiez toujours la visite, faute d'argent, faute de temps? Et quel gaspillage de plaisirs ce serait si vous n'aviez pas réussi à vous aimer vous-même comme vous êtes maintenant, avec vos qualités et vos défauts. Heureusement que vous avez des défauts, sinon vous donneriez trop de complexes aux autres! Et si vous avez beaucoup de carences à combler, quelle belle perspective! Vous êtes prémuni contre l'ennui pour le reste de vos jours. Et quelle joie quand vous y serez parvenu. C'est une autre façon de voir les choses.

J'ai depuis mon adolescence quelques kilos en trop. Ceux-ci m'ont longtemps dérangée et je dirais même obsédée. Je me suis souvent demandé pourquoi je n'arrivais pas à m'en débarrasser définitivement malgré de nombreux régimes et l'attitude positive que je cultive depuis des années. Comme je crois fondamentalement que tous nos défauts et toutes les expériences difficiles que nous vivons sont là pour nous permettre d'évoluer et d'en triompher, j'ai cherché cette réponse et j'ai finalement trouvé. J'en suis arrivée à la conclusion que ces quelques «enveloppements» sont là pour me forcer à m'aimer telle que je suis, en n'étant pas parfaite.

Ne pas avoir une taille de mannequin pour les femmes et ne pas être assez grand pour les hommes, cela ne devrait pas nous empêcher les uns les autres de nous aimer tels que nous sommes. En fait, quelques kilos en trop, cela en fait plus à aimer pour nos amoureux et nous rend tellement «confortables»... De même qu'un homme pas trop grand est plus accessible aux baisers. Ne vaut-il pas mieux rire des défauts que nous ne pouvons changer et leur trouver des avantages?

Nous torturer pour nos travers ne fera qu'affecter notre sourire, nous rendre moins rayonnant et saboter notre plaisir de vivre. Aimez-vous comme vous êtes maintenant et ne vous tapez pas sur la tête à propos de tout et de rien. Soyez indulgent envers vous-même et dites-vous que vous êtes en évolution. Appréciez les autres, faites-leur plaisir et faites-vous plaisir, c'est la chose la plus importante qui soit.

Il faut prendre votre plaisir au sérieux car il est le fondement de la vie. Ce n'est ni la culpabilité ni la tristesse qui sont à la base de la vie, c'est le plaisir. La preuve, si nos parents n'avaient pas eu de plaisir... nous ne serions ici personne.

Faites-vous plaisir et allez en paix! C'est la grâce que je nous souhaite.

Les mercis-plaisir

Merci à Nicole Gratton que j'ai initiée aux rêves éveillés et qui m'a initiée aux rêves endormis. Son témoignage et ses encouragements m'ont fait reprendre goût à l'écriture et son exemple m'a habitée pendant la rédaction de ce livre. Merci à Monique Hartman pour l'enthousiasme qu'elle porte à mes livres et pour son indéfectible insistance à me pousser à publier de nouveau. Sans ces deux personnes, ce livre ne serait probablement pas né. Je remercie également Christiane Périgny dont l'amour des cactus a si bien concrétisé les effets des méthodes proposées dans ce livre.

Merci à Maryo Thomas, idéateur-graphiste de m'avoir «compliqué l'existence» en me proposant pour la couverture, non pas deux ou trois esquisses comme on aurait pu s'y attendre, mais bien douze... Cette générosité et cette créativité m'ont donné un formidable sentiment d'abondance et procuré le luxe délicieux d'avoir le choix.

Merci à Paule Morissette, Danielle Wolfe, Marie-Claire Hofer et à Jean Cusson d'avoir accepté d'être les premières *victimes* de ce livre, de m'avoir fait leurs commentaires pertinents et aidée ainsi à en faire un tout cohérent. Merci également à Micheline B., Éric-Abel B., Françoise C. et Mark H. de leur participation et de leurs encouragements.

Je remercie tout particulièrement Aline Lévesque dont la perspicacité, la loyauté, la générosité et les encouragements me permettent depuis de nombreuses années de découvrir la lumière dans des idées parfois nébuleuses.

Merci à mes amis d'avoir été compréhensifs quand je refusais des invitations et d'avoir fait preuve de discrétion sur les plaisirs que je manquais pendant que j'écrivais et de m'avoir laissée leur picorer l'énergie quand j'en avais besoin.

Merci à mon frère Michel et à ma sœur Danielle pour leur soutien dans ma vie de femme d'affaires. Merci à Melkon de ses judicieux conseils et de me permettre d'observer de plus près le fonctionnement d'un gagnant.

Merci à Françoise Blanchard de m'avoir si chaleureusement invitée à publier aux éditions Un monde différent ainsi qu'à Michel Ferron et à toute l'équipe des éditions Un monde différent dont les livres ont changé ma vie et celle de bien des gens, la rendant vraiment différente.

Au sujet de Marguerite Wolfe M.A.

Marguerite Wolfe est conférencière professionnelle depuis plus de 10 ans et fondatrice de l'Institut de succès Marguerite Wolfe Inc. À ce jour, elle s'est adressée à plus de 240 entreprises au Canada et à l'étranger dont la France, la Tunisie, la Guadeloupe, la Martinique, la Jamaïque, les Bahamas et Singapour.

L'Institut de succès Marguerite Wolfe Inc. diffuse dans les entreprises et au sein de différentes organisations des conférences et des séminaires de formation traitant de *leadership, stratégies de succès* et de *motivation par le plaisir*. Les interventions peuvent être ponctuelles ou intégrées à un Plan Annuel de Succès. Tous les collaborateurs de l'Institut de succès Marguerite Wolfe Inc. ont une énergie hors du commun et leurs interventions sont concrètes, percutantes et remplies de bonne humeur.

Pour plus d'information, contactez-nous:

Institut de succès Marguerite Wolfe
514-990-6796
ou par courriel: mwolfe@citenet.net
Site Web: **www.succesmargueritewolfe.com**

À paraître: Marguerite Wolfe a déjà publié deux livres *Pour être heureux, de quoi ai-je besoin?* (1990) et *Rêvez votre vie pour mieux la planifier* (1991) aux Éditions de Mortagne. Ces deux ouvrages ne sont pas disponibles actuellement mais seront réédités et mis à jour à l'automne 2000 aux éditions Un monde différent sous le titre provisoire *Réussir sa vie par le plaisir*.

Participez à l'une de ces recherches

Dans le but de publier d'autres ouvrages, Marguerite Wolfe vous convie à participer à l'une de ces deux recherches, «1000 et une façons de se faire plaisir» et «Comment triompher de différents déplaisirs».

Recherche «1000 et une façons de se faire plaisir»

Cette recherche vise à recueillir différentes idées de plaisir pour diverses catégories de personnes: les hommes, les femmes, les enfants, les adolescents, les amoureux de la nature, les amateurs de bonne table, les passionnés de voyages, les personnes âgées, à la retraite, les personnes malades ou handicapées, etc. Écrivez-lui vos plaisirs dans son site Web et elle en fera profiter des milliers de personnes.

Recherche «Comment triompher de différents déplaisirs»

Cette recherche vise à recueillir des déplaisirs dont vous n'avez pas encore réussi à triompher. Dans un prochain ouvrage, Marguerite Wolfe proposera aux lecteurs des idées de solutions pour venir à bout de déplaisirs qui vous assombrissent encore la vie. Vous pouvez aussi lui faire part de la façon dont vous avez réussi à triompher de certains déplaisirs.

Pour participer à cette recherche

Par courriel: mwolfe@citenet.net
Site Web: www.succesmargueritewolfe.com

Bibliographie

* ALESSANDRA, Tony, *Développez votre charisme*, Éditions de l'Homme, 1999, 254 p.

BLOOMFIELD, Harold H. & Robert B. KORY, *Inner Joy*, A Jove Book, 1982, 305 p.

* CARNEGIE, Dale, *Comment se faire des amis*, Livre de poche, 1979, 311 p.

* CAVA, Roberta, *Savoir traiter avec les gens impossibles*, Éditions Quebecor, 1990, 264 p.

* CONKLIN, Robert, *Motivez les gens à agir*, éditions Un monde différent, 1984, 298 p.

* DYER, Wayne, *Vos zones erronées*, Éditions Sélect, 1977, 256 p.

GERVAIS, Claude, *Comprendre et prévenir le burn-out*, Éditions Agende d'Arc, 1991, 213 p.

* GLASS, Lilian, *Ces gens qui vous empoisonnent l'existence*, Éditions de l'Homme, 1995, 217 p.

* GLASS, Lilian, *Comment s'entourer de gens extraordinaires*, Éditions de l'Homme, 1998, 158 p.

HANSON, Dr Peter, *Les Plaisirs du stress*, Éditions de l'Homme, 1987, 254 p.

KUSHNER, Malcolm, *The light touch*, Simon and Schuster, 1990, 270 p.

LABORIT, Henri, *L'Éloge de la fuite*, Éditions Gallimard, 1981, 186 p.

* LEROUX, Patrick, *Secrets des gens actifs, efficaces et équilibrés*, Éditions Impact formation, 1999, 259 p.

LOWEN, Alexander, *La Bio-énergie*, Éditions du Jour – Tchou, 1977, 309 pages

LOWEN, Alexander, *Le Corps bafoué*, Éditions du Jour – Tchou, 1977, 281 pages

LOWEN, Alexander, *Le Plaisir*, Éditions du Jour – Tchou, 1970, 239 pages

* MARRIOTT, J.W. fils et Kathi Ann BROWN, *L'Ascension de l'empire Marriott*, éditions Un monde différent, 1998, 190 p.

* NAZARE-AGA, *Les Manipulateurs sont parmi nous*, Éd. de l'Homme, 1997, 286 p.

ORNSTEIN, Robert et David SOBEL, *Les Vertus du plaisir*, Robert Laffont, 1989, 324 p.

* RHODES, Daniel et Kathleen RHODES, *Le Harcèlement psychologique*, Le Jour, 1998, 189 p.

* ROMAN, Sanaya, *Choisir la joie*, Ronan Denniel, 1986, 182 p.

SELYE, Hans, *Stress sans détresse*, Éditions Le Jour, 1974, 175 p.

VAN RENYNGHE DE VOXRIE, Dr Guy, *Tout savoir sur son cerveau*, Éditions Pierre-Marcel Favre, 1985, 261 p.

* VÉNARD, Josiane, *Les Vertus du rire*, Éditions Trustar, 1997, 207 p.

VINCENT, Jean-Didier, *Biologie des passions*, Éditions Odile Jacob, Seuil, 1986, 344 p.

---

*   Les références marquées d'un astérisque sont des lectures recommandées par l'auteure si vous voulez poursuivre votre évolution dans le même sens.